누구를 구할 것인가?

The Trolley Problem
by Thomas Cathcart

Copyright ⓒ 2013 by Thomas Cathcart
Published by arrangement with Workman Publishing Company, NewYork.
This Korean edition was published by Munhakdongne Publishing Group in 2014 by
arrangement with Workman Publishing Company, Inc. through KCC(Korea Copyright
Center Inc.), Seoul.

이 책은 (주)한국저작권센터(KCC)를 통한 저작권자와의 독점계약으로 문학동네에서 출간되었습니
다. 저작권법에 의해 한국 내에서 보호를 받는 저작물이므로 무단전재와 복제를 금합니다.

이 도서의 국립중앙도서관 출판예정도서목록(CIP)은 서지정보유통지원시스템 홈페이지(http://
seoji.nl.go.kr)와 국가자료종합목록 구축시스템(http://kolis-net.nl.go.kr)에서 이용하실 수 있습니
다. (CIP제어번호: CIP2014031689)

THE TROLLEY PROBLEM

누구를 구할 것인가?

토머스 캐스카트 지음 | 노승영 옮김

문학동네

전차 문제 The Trolley Problem

브레이크 풀린 전차가 질주한다.

첫번째 상황. 앞쪽 선로에는 인부 다섯 명이 있고
갈라진 선로에는 한 명이 있다.
당신이 선로를 바꿀 수 있다면
그대로 다섯 명을 치게 할 것인가,
방향을 틀어 한 명만 희생시킬 것인가?

두번째 상황. 앞쪽 선로에 인부 다섯 명이 있고, 선로는 바꿀 수 없다.
이 다섯 명의 인부를 살리는 방법은
무거운 물체를 떨어뜨려
전차의 진행을 막는 것뿐.
당신이 육교 위에서 이 상황을 내려다보고 있고
마침 앞에 엄청난 뚱보가 서 있다면,
당신은 어떤 선택을 할 것인가?

차 례　C O N T E N T S

문제의 전차

근 50년 전에 영국의 철학 전문 학술지에 처음 발표된 한 사고실험이 난데없이 전 세계 대학 캠퍼스와 교수 휴게실, 저녁 밥상, 종합지, 학술지에서 두뇌 게임으로 인기를 끌었다. '전차 문제trolley problem'라 불리는 이 퍼즐은 '전차학trolleyology'이라는 익살맞은 이름의 학문 분야를 낳았다. 오늘날 철학자, 심리학자, 신경과학자, 진화이론가, 일반인을 망라한 수많은 사람들이 전차학을 연구한다.

영국의 철학자 필리파 풋Philippa Foot이 1967년에 고안한 애초의 전차 문제는 짧고 간단했다. '브레이크가 듣지 않는 전차 앞에 다섯 명이 서 있다. 기관사는 선로를 유지하여 다섯 명을 치어 죽일 수도 있고—이유는 알 수 없지만 그들은 선로에서 벗어나지 못한다—다른 선로로 틀어 한 사람만 치어 숨지게 할 수도 있다. 기관사는 사람이 적은 선로로 방향을 틀어 다섯 사람 대신 한 사람을 죽여야 할까?'

풋은 한발 더 나아가 이렇게 생각했다. '의사가 한 사람을 죽여 혈청을 뽑아내면 여러 사람의 목숨을 살릴 수 있다, 이 경우는 전차 시나리오와 어떻게 다를까?' 풋은 희생자 수를 최소화하려고 전차 선로를 변경하는 것에는 대다수 사람들이 찬성하지만 혈청을 얻으려고 사람을 죽이는 것에는 반대할 거라고 생각했다. 두 시나리오가 어떻게 다른지 따져보면 무척 흥미로울 것 같았다.

1985년에 미국의 철학자 주디스 자비스 톰슨Judith Jarvis Thomson이 전차 시나리오에 살을 조금 붙였다. 이번에는 '통제 불능의 전차가 내 눈앞에서 질주한다. 옆에는 선로 전환기가 있다. 나는 아무 조치도 취하지 않고 다섯 명이 죽도록 내버려둘 수도 있고 전차 선로를 변경하여 지선支線에 서 있던 한 명만 죽도록 할 수도 있다.' 앞선 시나리오와의 중요한 차이점은 전차 기관사와 달리 내게는 두 선로 중 하나를 선택해야 할 직업적 책임이 없다는 것이다. 나는, 원한다면 수수방관해도 괜찮다. 물론 전차 기관사도 두 손 놓고 전차가 원래 선로로 질주하도록 할 수 있다. 하지만 기관사의 임무에는 어떤 선로를 선택할지 끊임없이 판단하는 것이 포함되므로, 그의 '수수방관'은 적어도 무고한 행인의 수수방관에 비하면 윤리적으로 문제의 소지가 있다. 질문을 덜 부담스럽게 바꿔보자. '행인인 나는 아무 조치도 취하지 않고 운명에 맡겨야 할까, 손잡이를 당겨 한 사람을 죽이고 다섯 사람을 살려야 할까?'

풋과 톰슨은 매우 비슷하면서 다른 점도 있는 시나리오들도 제시했다. 그중에서 가장 유명한 것은 '내가 전차 선로 위 육교에 서 있고 옆에 뚱보가 한 명 있는 경우'다. 이번에는 선로 전환기도, 지선도 없다. 육교 아래에 선로는 하나뿐이고 다섯 명이 서 있다. 내가 아무 일도 안 하면 모두 죽는다. 다섯 명을 살리는 유일한 방법은 무거운 물체를 떨어뜨려 전차를 멈추는 것뿐이다. 근처에 있는 물체 중에서 전차를 멈출 만큼 무거운 것은 옆에 서 있는 뚱보뿐이다. 나는 다섯 명을 살리기 위해 뚱보를 떠밀어야 할까? 이것은 선로 전환기 손잡이를 당기는 것과 본질적으로 같을까, 다를까?

**왜 대부분의
사람들이 손잡이를
당기는 것은 꺼림칙하게
여기지 않는데 뚱보를
떠미는 것은
꺼림칙해할까?**

그뒤로 철학자, 심리학자, 뇌과학자 들은 대부분의 사람들이 손잡이를 당기는 것은 꺼림칙하게 여기지 않는데 뚱보를 떠미는 것은 꺼림칙해하는 이유를 설명하려고 애썼다. 새로운 전차 시나리오가 쏟아져나왔고 전차학자들은 손잡이를 당기는 것과 뚱보를 떠미는 것 사이에 정확히 어떤 차이점이 있는지 알아내려고 골머리를 썩였다.

그런데…… 정말 다르기는 한 걸까? 프린스턴 대학 철학과의 콰메 애피아Kwame Appiah 교수는 전차 문제에 엄청나게 붙은—지금도 계속 붙고 있는—상세한 주석을 생각하면 "『탈무드』가 더 얇아 보인다"고 평했다.

일부 철학자와 많은 일반인은 이런 사고실험이 무슨 가치가 있느냐고 반문했다. 실생활에서 내리는 결정은 '폭주 전차의 방향을 바꾸려고 손잡이를 당겨야 하는가' 하는 문제보다 더 미묘하고 복잡하고 덜 억지스러우니 말이다. 하지만 어떤 이들은 단순하다는 바로 그 이유 때문에 이런 사고실험이 우리가 복잡한 윤리적 결정을 어떻게 내리는가—또는 내려야 하는가—를 명확하게 밝혀준다고 주장했다. 이

를테면 필리파 풋의 1967년 논문은 낙태 문제로 인해 제기
된 윤리적 물음(가톨릭 신자가 자신의 목숨을 구하기 위해 태아의 죽
음을 감수하고 자궁절제술을 받는 것이 도덕적으로 허용될까?)에 실마
리를 던지기 위한 것이었다. 게다가, 전문 철학자가 아닌 일
반 사람들은 학계의 철학 논의를 이해하기 힘들지만 다행히
전차 문제는 누구나 알아들을 수 있다.

　근래 들어 다른 학문 분야에서도 전차 문제에 흥미를 보
이기 시작했다. 2003년에 하버드 대학의 심리학자들은 '도
덕심 검사Moral Sense Test'라는 웹사이트를 만들었다. 방문자들
이 다양한 전차 시나리오의 설문에 응답하면 그 결과가 서버
에 기록되었다. 1차 연구 때는 5000명을 목표로 삼았는데 몇
주 만에 목표를 달성했다. 웹사이트는 10년이 더 지난 지금도
운영되고 있으며 여전히 많은 사람들이 방문하고 있다.

　2009년에 하버드 대학은 온라인 강의에 본격적으로 뛰
어들어, 행정학 교수 마이클 샌델의 학부생 대상 인기 강
의(〈정의란 무엇인가〉)를 인터넷에서 수강하도록 하고 PBS(미
국 공영 방송―옮긴이)를 통해 일반에도 공개했다. 샌델 교수
는 전차 문제를 첫 강의 주제로 삼았는데 반응이 폭발적이
었다. 강의는 여러 온라인 매체를 통해 볼 수 있었기에 정확

히 몇 명이나 샌델 교수의 강의를 들었는지는 알기 힘들지만, PBS 동영상의 유튜브 버전만 해도 조회수가 440만 뷰를 기록했는데, 이는 농구 선수 르브론 제임스가 마이애미 히트로 이적하겠다고 선언한 2010년 동영상의 조회수보다 세 배나 많은 수치다.

전차 문제는 소크라테스 이후의 철학자들이 늘 해오던 식으로 질문 위에 질문을, 질문 속에 질문을 제기했으며, 전 세계에서 심야 토론 주제가 되었다. 하지만 최근까지만 해도 대다수 사람들에게 전차 문제는 기발한 철학적 퍼즐에 불과했다. 매혹적이고 흥미진진하고 조금은 엉뚱한.

그때 그 사건이 일어났다.

신문에 소개된 전말

전차의 '영웅'이 살인죄로 기소되다
검사가 용감한 시민상 수상자를 '범법자'로
규정하고 '위험한 선례'를 경고하다
—가제트
2013년 1월 22일(화)

어제 클리블랜드의 커닝햄 지방검사(샌프란시스코)가 2012년 10월에 체스터 '쳇' 팔리(샌프란시스코)가 전차에 치여 사망한 사건과 관련하여 대배심이 대프니 존스(오클랜드)를 기소했다고 발표했다(미국 사법제도에서 대배심은 기소 여부를 결정하고 소배심은 유무죄 여부를 결정한다—옮긴이).

대프니 존스는 선로 전환기 손잡이를 당겨 폭주 전차의 경로를 지선으로 바꾸는 "뛰어난 순발력과 용기를 발휘한" 공로로 12월에 시장에게 상을 받은 바 있다. 전차가 본선^{本線}으로 계속 달렸다면 다섯 명을 치어 사망케 했겠지만, 존스 덕분에 지선에 서 있던 쳇 팔리만이 목숨을 잃었다. 커닝햄 검사는 다섯 명 대신 팔리가 죽는 것이 낫다는 존스의 판단에 대해 대배심이 "존스 양은 신처럼 행동할 권리가 없다"라는 올바른 결론을 내렸다고 말했다.

팔리의 딸 산드라 팔리는 기자회견장에서 존스가 유죄판결을 받아 유족이 "마음을 추스를" 수 있었으면 좋겠다고 말했다. 가제트는 팔리의 유족이 샌프란시스코 시 당국과 존스에게 민사소송을 제기했다는 정보를 입수했다.

존스가 손잡이를 당긴 덕에 목숨을 구한 다섯 명 중 한 명인 샐리 조 카리아키디스에게 심경을 물었다. 그는 이렇게 말했다. "존스 양이 마침 그 자리에 있었고 재빨리 조치를 취해줘서 얼마나 고마운지 몰라요. 팔리 씨 유족에게는 정말 안됐지만, 대부분의 사람들은 사망자 수를 최소화하려고 같은 행동을 했을 텐데 그 때문에 존스 양을 비난해서는 안 된다고 생각해요. 제 얘기가 매몰차게 들리지 않았으면 좋겠어요. 저는 생존자의 입장에서 볼 수밖에 없으니까요." 카리아키디스는 여러 공식 석상에서 존스와 자리를 함께했다. 가장 최근인 12월에는 전차 안전 문제를 다루는 시민단체 '베이 지역 전차 승객 협회' 기금 모금 행사에 참석했다.

기자회견에 참석한 베이 지역 주민들은 존스가 기소되었

다는 소식에 엇갈린 반응을 보였다. 커닝햄 검사가 대배심의 결정을 발표하자 객석에서 박수갈채가 쏟아졌다. 하지만 주민 플로이드 칼루치(소살리토)는 기자들에게 존스가 손잡이를 당긴 것은 올바른 선택이었다고 말했다. "산수를 해보시라고요."

커닝햄 검사는 대배심의 결정이 "모든 진영에서 호응을 얻지는 못할" 것임을 이해한다면서 대배심이 힘든 결정을 내렸다고 치하했다. "어떤 사람이 생사의 문제에서 특정인에게 유리한 결정을 내리도록 허용하는 것은 위험한 선례가 될 것입니다."

가제트는 경찰의 사건 보고서 원본을 입수했으며, 전문은 당사 웹사이트(gazette.com)에서 읽을 수 있다.

경찰의 증언

사건 보고서
작성자: 르로이 다카하시 순경
샌프란시스코 경찰국
2012년 10월 5일(금)

2012년 10월 5일 오후 4시 49분경에 세라 포스터 여경과 본인은 상황실로부터 전차가 사람을 치어 '중상 또는 사망'을 야기했으니 캘리포니아 스트리트와 밴네스 애버뉴 모퉁이로 즉시 출동하라는 연락을 받았습니다. 상기 모퉁이에 도착한 포스터 여경과 본인은 시 구급대원들이 50세가량 되어 보이는 백인 남성을 구급차에 싣는 장면을 목격했습니다. 전차는 지선에 멈추어 있었습니다. 사건 현장 바로 옆이었습니다.

그때 불안해 보이는 상태의 여성 한 명이 다가와, 오클랜드의 클라크 스트리트 3번지에 사는 27세의 대프니 존스라고 신분을 밝혔습니다. 존스는 자신이 선로 옆에 있는 전환기 손잡이를 당겨 전차를 사건 현장인 지선으로 이동시켰다고 말했습니다. 왜 그런 행동을 했느냐고 묻자 존스는 본선에 있던 다섯 명의 목숨을 구하기 위해서 그랬다고 대답했습니다. 저희는 존스에게 순찰차에 타라고 지시하고는 주변을 조사하고 목격자를 면담했습니다.

목격자 몇 명과 대화를 나눈 뒤에 저희는 존스의 사건 설명이 정확하다고 판단했습니다. 샌프란시스코 경찰국 본부에 문의한 결과, 어떠한 명백한 범죄도 발생하지 않았으며 존스의 행동은 제192조 살인죄의 제3항 "자신 또는 타인을 살해나 중상으로부터 보호하기 위해 타인을 살해하는 것은 2급 살인이나 과실치사에 해당하지 않는다"라는 예외 조항에 적용된다는 답변을 받았습니다. 저희는 존스에게 나중에 검찰에서 연락이 올지도 모르지만 일단은 돌아가도 좋다고 말했습니다. 존스가 여전히 불안정한 상태여서 그녀를 집까지 데려다주고 오후 7시 15분경에 상황실에 통지했습니다.

배심원 교육

배심원 여러분을 환영합니다
배심 담당관
여론법정
2013년 4월 1일(월)

배심원 후보자 여러분, 안녕하세요. 저는 이곳 여론법정(저
자가 이 책에서 가상으로 상정한, 다양한 입장을 가진 사람들의 갑론을
박이 이뤄지는 토론 법정이다—옮긴이)의 수석 배심 담당관 마거
릿 스터드번트케이시입니다. 오늘 아침 여러분을 맞이하게
되어 기쁩니다. 커피 머신은 제 오른쪽에 있고 화장실은 유
리문을 열고 나가시면 보입니다.

우선 '국민 대 대프니 존스' 사건의 배심원을 선정하겠습
니다. 여러분 중에서 선발된 열두 분이 배심원석에 앉아 공
식 배심원의 임무를 수행할 것입니다. 하지만 이번에는 여
느 법정과 달리 여러분 모두가 부배심원으로 참가하게 됩니

다. 여론법정에서는 모두의 의견이 중요하기 때문입니다. 따라서 여러분은 중병에 걸린 경우가 아니라면 텔레비전이나 온라인으로 사건의 진행 상황을 파악하고 배심원단 평의에 의견을 제출해야 합니다. 이곳은 여론법정이므로, 평의에서 여러분을 대표할 열두 분을 선정하는 것은 오로지 현실적 여건 때문이지 다른 이유는 없습니다. 배심원석에 앉지 않는 분들도 본 사건의 사실관계와 변론을 숙지하고 (가능하다면) 여러분 각자 나름의 견해를 정리할 의무가 있습니다.

이러한 전체 참여의 조건 이외에도 여론법정은 여느 법정과 다른 독특한 위치를 차지하고 있습니다. 여러분은 고등학교 수업 시간에 대법원이 미국의 최상위 법정이라고 배우셨을 겁니다. 그런데 제가 오늘 아침 이 자리에 선 것은 이것이 엄밀히 말해서 사실이 아니라고 말씀드리기 위해서입니다. 실은 여론법정이야말로 미국의 최상위 법정입니다. 왜 그럴까요? 첫째, 대법원은 미국 헌법에 어긋나는 법률을 폐지할 수는 있지만 결코 새로운 법률을 제정하지는 못합니다. 이에 반해 여론법정에서는 매일같이 새 법의 제정을 촉구할 수 있고 실제로도 영향을 미칩니다. 말하자면 의회에서 통과되는 법률은 일반적으로 다수 대중의 합의를 불완전하게나마 반영합니다. 둘째, 헌법을 해석할 권한은 대법원에만 있지만, 여론법정만이 헌법을 개정할 수 있습니다. 지난 220여 년간 헌법이 스물일곱 차례 개정되었듯 말이죠.

여론법정에 헌법을 개정할 권한이 없었다면 여성은 지금까지도 투표하지 못하고 있을 겁니다. 인간의 인간에 대한 소유를 허용하는 법률도 여전히 효력을 발휘하고 있을 테고요. 성인이 합의하에 침실에서 벌이는 사적 행위를 규제하는 법률도 여전히 몇 개 주에는 남아 있을 겁니다. 이만하면 이 법정에서 배심원으로서의 책임이, 또는 이 민주주의 사회에서 시민으로서의 책임이 얼마나 막중한지 아셨으리라 생각합니다.

아울러 여론법정 배심원으로서 의무와 특권을 누리게 된 것을 축하합니다.

검찰의 공격

커닝햄 지방검사의 사건 요약
여론법정
2013년 4월 19일(금)

신사 숙녀 배심원 여러분. 3주간의 증언 절차를 마친 지금, 여러분은 본 사건과 관련한 모든 증거를 검토하셨습니다. 이제 국민 대 피고인 대프니 존스 사건을 제가 요약 설명할 때가 되었습니다.

사실관계에 대해서는 다들 익히 알고 계시리라 생각합니다. 피고인은 길을 걷다가 전차가 빠른 속도로 달려오는 것을 목격했습니다. 제동장치가 고장난 것이 분명해 보였습니다. 피고인은 옆에 선로 전환기가 있는 것을 보고 의도적으로 손잡이를 당겨 전차를 지선으로 이동시켰습니다. 지선에는 사람이 한 명 있었으며, 피고인은 이 사람이 전차에 치여 사망할 것임을 알았습니다(또는 마땅히 알았어야 했습니다). 따라서 저희는 존스의 2급 살인 혐의에 대해 유죄 의견을 제출합니다.

잠시 뒤에 마사 바움가튼 여사를 위시한 변호인단은 피고인이 2급 살인 판결을 받지 않도록, 또는 형사 범죄로 처벌받지 않도록 당시의 상황에 따른 정상 참작 요인에 대해 설명할 것입니다. 변호인단은 존스를 영웅으로 칭송해야 마땅하다고 주장합니다. 한 사람을 죽임으로써 다섯 명의 목숨을 구했다는 이유로 말이죠. 그러면서 19세기 영국의 윤리학자 제러미 벤담을 인용합니다.

벤담은 행위의 옳고 그름은 전적으로 그 결과에 달렸으며 '최대 다수의 최대 행복'이라는 원리를 행동 지침으로 삼아야 한다고 말했습니다. 이 철학에는 여러 이름이 붙었는데, 결과주의consequentialism라는 이름이 붙은 이유는 쉽게 알 수 있습니다. "행복을 극대화하는 데 쓸모 있는 것이면 무엇이든 좋다"라고 주장한다는 점에서 공리주의utilitarianism라고도 불립니다. 오늘 저희는 이 철학이 법적 의사 결정이나 윤리적 의사 결정의 토대로서 부적절하다는 점을 조목조목 논증할 것입니다.

검찰은 변호인단과 사실 여부를 다투지 않습니다. 저희는 본선에 다섯 명이 있었음을 인정합니다. 피고인이 전차가 본선으로 계속 질주하도록 내버려두었으면 그 다섯 명이 죽었으리라는 변호인단의 결론이 올바르다는 것 또한 인정합니다. 한발 더 나아가 공리주의나 결과주의 관점에서 존스의 행동은 사망자를 한 명으로 줄였으므로 '윤리적'이며 심지어 칭송할 만하다는 것까지도 인정합니다.

아시다시피 시市법원이나 주州법원에서는 존스에 대해 어떤 형사 고발도 제기하지 않았습니다. 아마도 하급심 담당 검사들은 배심에서 승소하리라 기대하지 않았나봅니다. 본 사건을 진행할 것인지 숙고한 끝에 스스로 이 상황이 무죄라고 생각했는지도 모릅니다. 어쩌면 기소를 원했지만 배심원단이 감정에 휘둘려 피고인이나 (목숨을 건진) 다섯 명에게 감정이입 하리라는 사실을 예견했는지도 모르겠습니다. 여하튼 고발은 없었습니다. 신사 숙녀 여러분, 본 사건이 여론 법정에 제소된 것은 이런 까닭입니다.

이미 법원 직원이 본 법정의 독특한 임무에 대해 말씀드린 것으로 압니다. 첨언하자면 검찰측은 본 사건에서 입증 책임이 저희에게 있음을 잘 알고 있습니다. 그렇다고 해서,

한 명이라도 더 많이
행복해지는 것이 옳다

제러미 벤담Jeremy Bentham (1748~1832)

벤담은 영국 런던에서 태어났다. 가족은 이 아이가 영재임을 금방 알아차렸다. 벤담은 걸음마를 배우면서 방대한 영국사를 읽고 이해했으며 세 살 때 라틴어를 공부했다. 열두 살에는 퀸스 칼리지에 입학했다. 졸업한 뒤에 법률을 공부하여 변호사가 되었으나 개업하지는 않았다. 철학자로서 벤담은 '최대 다수의 최대 행복'이라는 공리주의 관점에서 영국의 법체계를 개혁하는 일에 일생을 바치고 싶었다.

어떤 사람들은 '자연법'을 내세워 특권을 유지하려 들었지만, 벤담은 '공리', 즉 공공 복리의 극대화라는 극단적인 사회적 입장을 취했다. 벤담은 잉글랜드의 채무자 감옥 폐지, 의회 대의제 개혁, 모든 계급이 평가를 거쳐 공직을 맡게 하는 제도 수립 등에 큰 영향을 미쳤다. '자연법' 이론가들과 달리 벤담은 보통선거와 동성애 합법화에 찬성했다.

합리적 의심의 여지 없이 유죄임이 입증되지 않을 경우 피고인이 무죄라는 말은 아닙니다. 입증 책임은 시 형사법원, 주 형사법원, 연방 형사법원을 비롯한 하급심의 검사와 배심원에게만 적용됩니다. 여론법정에서는 검찰측에 그러한 책임이 없습니다. 저희는 어떠한 논고든 펼 수 있으며, 여러분은 어떠한 판단이든 내릴 수 있습니다.

본 법정의 배심원은 대부분 몇 가지 윤리적 요건에 동의하실 겁니다. 이를테면 사실을 해석하지 않을 수는 있겠지만 고의로 수정하거나 묵살해서는 안 되며, 고삐 풀린 감정이나 편견이 아니라 일련의 추론을 따라야 합니다. 감정과 편견에서 완전히 벗어날 수는 없을지도 모릅니다. 심지어 감정은 의사 결정에서 긍정적 역할을 하기도 합니다. 하지만 대다수 배심원은 감정과 편견에 바탕을 둔 결론이 이성에 호소하는 결론과 적어도 일치해야 한다는 데 동의하시리라 생각합니다. 말하자면 배심의 결론은 합리적이어야 합니다.

본 사건에서 검찰의 짐은 합리적 의심의 여지가 없는 입증이 아닙니다. 사실에 충실하고 합리적이어야 한다는 윤리적 요구는 검찰에나 배심원에나 가벼운 짐입니다. 본 사건에서 검찰측이 진 특별한 짐은 '상식'이 피고인의 손을 들어주고 있다는 것입니다. 이것이야말로 본 사건이 하급법원에 제소되지 않은 가장 큰 이유일 것입니다. 오늘 제 임무는 본 사건에서 '상식'이 엉터리임을 여러분에게 확신시키는 것입니다.

우선 상식에 대해 한말씀 드리겠습니다. 세계 일주가 가능해지기 전에는 세상이 평평하다는 것이 '상식'이었습니다. 코페르니쿠스가 꼼꼼한 관찰과 복잡한 계산을 해내기 전에는 태양이 지구 주위를 돈다는 것이 '상식'이었습니다. 화석이 발견되기 전에는 세상의 나이가 수천 년밖에 안 됐다는 것이 '상식'이었습니다.

오늘 저는 '상식'이 잘못되었음을 입증하고자 합니다.

얼마 전까지만 해도 사회에서 남성이 여성보다 더 많은 권리를 누려야 한다는 것이 '상식'이었습니다. 그리고 지금 현재 여러 주(州)에서, 결혼이란 남자와 여자의 결합이라는 '상식'적 견해가 전혀 다른 견해로 대체되고 있습니다.

따라서 저희 검찰측은 상식에 반하는 변론을 펴야 하는 무거운 짐을 충분히 인식하되, 과거의 위대한 발견을 거울삼아 그 '상식'이 잘못되었음을 입증하고자 합니다.

본 변론에서 저는 설득력 있는 판례를 제시할 것입니다. 놀랍도록 비슷한 범죄에 대해 여론법정의 절대다수가 피고인을 유죄로 판단한 사건입니다. 우선 이 판례의 사실관계를 설명하겠습니다. 그다음에는 이 판례가 당면 사건과 모든 중요한 측면에서 매우 유사함을 변론하겠습니다. 여기서 저희는 '상식'을 공격할 것입니다. 피고인측은 두 사건에 중요한 차이가 있어서 매우 다른 평결이 내려져야 하는 것이 '상식'이라고 주장할 것이기 때문입니다. 여러분께서 이 주장에 현혹되지 않고 대프니 존스에게 유죄 평결을 내리시리라 확신합니다.

제가 말씀드리려는 판례는 필라델피아의 대형 대학병원에 근무하는 외과의사 로드니 메이프스 박사 사건입니다. 어느 날 응급실에서 호출이 왔습니다. 인근 고속도로에서 끔찍한 연쇄 추돌 사고가 일어나 환자 여섯 명이 이 병원으로 후송된 것입니다. 메이프스 박사는 환자를 분류하여 두 명은 신장을 이식받아야 하고 세번째 환자는 심장을, 네번째 환자는 간을, 다섯번째 환자는 폐를 이식받아야 한다고 신속하게 결론 내렸습니다. 이 환자들에게 장기를 기증할 공여자를 찾을 수 있을지 고민하던 차에 여섯번째 환자가 눈에 들어왔습니다.

그는 35세의 남성으로, 경과를 관찰하기 위해 병원에 후송되었으며 눈에 띄는 부상은 전혀 없었습니다. 메이프스는 이 남자를 수술실로 데려가 장기를 모조리 적출하여 나머지 다섯 명의 환자에게 이식했고 다섯 명 모두 목숨을 건졌습니다. 메이프스 박사는 재판에서 이런 말을 남겼습니다.

"다섯 명이 죽는 것보다는 한 명이 죽는 것이 낫다고 생각했습니다."

신사 숙녀 배심원 여러분, 대프니 존스가 손잡이를 당긴 행위를 옹호하려고 했던 발언과 거의 똑같지 않습니까? 바로 공리주의자와 결과주의자의 발언입니다! 여론법정에서 이것은 사악한 발언입니다. 예, 그렇습니다. 악마의 발언입니다! 여러분의 동료 배심원단은 메이프스 박사에게 1급 살인 유죄 평결을 내렸습니다.

재판이 끝난 뒤 인터뷰에서 배심원단이 이런 결정을 내린 이유가 밝혀졌습니다. 몇몇 배심원은 이런 취지의 질문을 던졌습니다. "메이프스 박사는 자기가 뭔데 신처럼 행동하는가? 누구를 살리고 누구를 죽일지 결정할 권한을 누가 그에게 주었는가?" 그렇습니다. 배심원들은 다섯 사람보다 한 사람이 죽는 것이 표면상으로는 나아 보이지만 윤리적 결정은 무엇이 최대 다수의 최대 행복이라는 결과를 낳는지 계산하는 것보다 훨씬 복잡한 문제라고 주장했습니다. 배심원들은 우리가 어느 시점에는 권리 문제를 고려할 수밖에 없다고 말했습니다. 캘리포니아 대학 버클리 캠퍼스의 철학 교수인 한 배심원은 18세기 독일의 철학자 이마누엘 칸트를 인용했습니다. 칸트는 사람들을 그 자체로 목적이 아니라 단지 수단으로 취급하는 것은 무조건 잘못이라고 주장했습니다. 여섯번째 남자는 이용되었습니다. 인격을 침해받지 않을 권리, 목숨을 빼앗기지 않을 권리를 존중받지 못하고 타인의 목숨을 구하는 수단으로 이용된 것입니다.

메이프스 박사는 희생된 남자를 일개 숫자로 취급하여—정확히 말하자면 '6번 환자'였죠—나머지 숫자와 단순 비교했습니다. 하지만 6번 환자는 인간이었습니다. 그에게는 밥 티더링턴이라는 이름이 있었습니다. 삶도 있었습니다. 페인트공이었으며 아내와 세 자녀가 있었죠. 골프 치는 걸 좋아했고 아들의 어린이 야구단에서 코치를 맡았습니다. 그에게는 고의로 희생되지 않을 권리가 있었습니다. 이러한 칸트식 견해를 의무론적deontological 견해라고 합니다. '의무'를 뜻하는 그리스어 '데온$\delta\acute{\epsilon}o\nu$'에서 왔습니다. 의무론적 관점에서 보면 도덕은 이런저런 권리가 있는 사람들에게 의무를 다하는 것을 일컫습니다. 단순히 최대 다수의 최대 행복을 추구하는 방법을 계산하는 것이 아닙니다.

철학 교수 배심원은, 밥 티더링턴에게는 목숨을 빼앗기지 않을 권리가 있었지만 목숨을 건진 다섯 환자에게는 구원받을 특별한 권리가 없었다고 주장했습니다. 그들은 목숨을 건지기를 희망했을 수 있고, 목숨을 구해준 사람에게 감사했을 수도 있지만—목숨을 건진 대가가 무엇인지 알았다면 과연 어땠을지 모르지만요—결코 구원받을 본질적 권리가 있었던 것은 아닙니다.

그렇다면 본 사건은 어떨까요? 지선에 있던 사람은 타인의 의도에 따라 전차에 치이지 않을 권리가 있지 않았을까요? 살아난 다섯 명은 폭주 전차로부터 구원받을 특별한 권리가 없었지만, 지선에 서 있던 사람은 존스가 고의로 방향을 바꾼 전차에 목숨을 잃지 않을 권리가 분명히 있었습니다. 한마디로, 누가 존스에게 신처럼 행동할 권리를 주었나요?

타인을 목적이 아닌
수단으로 대하지 말라
이마누엘 칸트Immanuel Kant (1724~1804)

칸트는 프로이센의 쾨니히스베르크라는 도시에서 태어나고 자랐으며 평생 그곳을 떠나지 않았다. 한 번도 결혼하지 않았으며, 철학 연구를 빼면 하루 중 가장 중요한 행사는 산책이었다. 칸트는 매번 정확히 똑같은 시각에 산책을 했다. 칸트가 나타나는 시각에 맞춰 종지기가 시계를 맞춘다는 소문이 돌 정도였다.

고향에 붙박인 금욕적 삶에서 칸트가 어떤 철학자였는지 실마리를 얻을 수 있다. 그가 자신의 이성을 통해 성찰한 것은…… 이성의 한계였다. 칸트의 책 중에서 가장 유명한 『순수이성비판』은 마음 바깥의 세계에 대해 마음이 알 수 있는 것의 한계를 탐구한다. 이른바 두번째 비판인 『실천이성비판』은 어떻게 행동해야 하는가에 대해 우리가 알 수 있는 것의 한계를 천착한다. 메이프스 박사 재판에서 인용된 두 금언("다른 사람을 그 자체로 목적으로 대하라" "보편 법칙이길 바라는 규칙에 따라서만 행동하라")은 도덕적 이성 자체의 성격과 한계를 탐구하여 얻은 통찰이다. (두 금언과 이성의 탐구가 어떤 관계인지 잘 모르겠어도 걱정 마라. 원래는 몇 페이지에 걸쳐 빽빽한 문장으로 설명되어 있는 것을 죄다 생략했으니까.) "칸트의 유일한 관심사는 이성이 이성 자신을 바라보는 것뿐이었다"라고 말하면 충분할 것이다. 칸트가 오로지 앉고 생각하고 쓰고 걷는 것에 만족한 것은 놀랄 일이 아니다.

교수의 지적에 따르면 칸트는 우리가 '보편 법칙이길 바라는 규칙'에 따라 행동해야 한다고도 말했습니다. 신사 숙녀 여러분, 국가가 오늘 이 법정에 난입하여 여러분을 사로잡고는 신부전 환자 두 사람을 살리는 유익이 더 크다며 여러분의 신장을 적출해도 되는 사회에서 살아가고 싶으십니까? 공리주의는 윤리적 딜레마에 대한 올바른 대답이 아닙니다. 만일 공리주의가 보편 법칙이라면 우리는 존스의 행동뿐 아니라 메이프스 박사의 행동도 인정해야 합니다. 방금 말씀드린 '신장 경찰'처럼 국가를 등에 업고 최대 다수의 최대 행복을 강제로 집행하는 가상의 집단도 감수해야 합니다.

방금 우리는 항상 최대 다수의 최대 행복을 추구하라는 보편 법칙을 살펴보았습니다. 이 나라에는 외곬 공리주의를 방지하는 것이 목적인 실제 보편 법칙이 있습니다. 바로 미국 헌법입니다. 미국 창건자들이 헌법을 제정한 것은 이른바 다수의 횡포를 막기 위해서였습니다. 이들은 공리주의를 방치하면 다수가 더 많은 사람의 유익을 도모한다는 명분하에 소수의 목숨, 자유, 재산을 빼앗을 것임을 간파했습니다. 신장 경찰이 실제로 가능할 것이라 예견한 것이죠. 창건자들은 우리 인간에게 남들이 공리라는 명분으로 침해할 수 없는 보편적 권리가 있음을 깨달았습니다.

결론을 말씀드리겠습니다. 신사 숙녀
여러분, 따라서 바움가튼 여사와 변
호인단의 허울 좋은 공리주의적 변론
에 현혹되지 마십시오. '상식'을 제쳐
두십시오. 본 사건에서는 '상식'이 매

**공리주의는
윤리적 딜레마에 대한
올바른 대답이
아니다.**

우 위험한 선례를 낳는다는 사실을 명심하십시오. 여러분이
존스와 비슷한 상황에 처한다면 똑같이 행동할 것이라는 이
유로 그녀에게 정서적 유대감을 느끼시면 안 됩니다. 어쩌
면 우리 모두는 존스가 한 것처럼 행동했을지도 모릅니다.
하지만 지선 위의 남자와 그의 권리를 생각하셔야 합니다.
그에게도 쳇 팔리라는 이름이 있었음을 명심하십시오. 그가
동네 전우회관에서 피아노 연주를 즐기고 해마다 크리스마
스 파티 때 산타클로스 분장을 했다는 사실을 명심하십시
오. 그리고 존스가 고의로 저지른 행위로 인해 그의 인격이
침해되었음을 명심하십시오. 팔리의 권리를 염두에 두신다면
존스에게 2급 살인 유죄 평결을 내리시리라 굳게 믿습니다.

변호인의 방어

변호인 마사 바움가튼의 최후 변론
여론법정
2013년 4월 19일(금)

이거야 정말! 무엇부터 시작해야 하죠? 검찰이 사건을 괴상하게 비틀어놔서 어떻게 대처할지 잠시 생각해봐야겠습니다. 상식과 정반대라고요? 그 말이 상식과 정반대입니다!

커닝햄 검사가 인용한 판례는 본 사건과 전혀 다릅니다. 그것을 '판례'라 부르는 것은 여러분의 지성을 모독하는 일입니다. 거기에 대해서는 나중에 더 말씀드리겠습니다.

우선 존스 사건과 거의 똑같은 사건을 살펴보겠습니다. 바로 이 여론법정에서 심리한 사건입니다. 흥미롭게도 메이프스 박사 사건과 거의 똑같은 또하나의 사건이 이 법정에서 심리되었습니다. 배심원단도 동일했습니다. 그런데 배심원들은 두 사건에 대해 사뭇 다른 평결을 내렸습니다.

하버드 대학 심리학자들이 두 사건을 2003년에 여론법정에 제소했습니다. 약 5000명의 배심원들이 착석하여 온라인상에서 증거를 청취했습니다.

첫번째 사건에서는 클래라 머피라는 여성이 전차를 타고 가는데 기관사가 갑자기 의식을 잃었습니다. 머피가 처한 상황은 대프니 존스가 겪은 바로 그 딜레마였습니다. 전차가 본선으로 계속 달려 선로에 서 있는 다섯 명을 치게 놔두든지, 아니면 전차를 지선으로 틀어 한 명을 죽이든지 둘 중 하나를 선택해야 했습니다. 배심원의 무려 89퍼센트는 머피가 전차를 지선으로 돌리는 것이 도덕적으로 허용된다고 생각했습니다.

이 배심원단은 프랭크 트러메인 사건도 심리했습니다. 트러메인이 전차 선로를 가로지르는 육교 위에 서 있는데, 통제 불능의 전차가 선로 위에 있는 다섯 사람을 향해 돌진하는 겁니다. 전차를 우회시킬 지선도 없었습니다. 트러메인은 무거운 물체를 선로에 떨어뜨리는 것이 전차를 멈추는 유일한 방법이라는 생각이 번쩍 들었습니다. 애석하게도 육교에는 무거운 물체가 하나도 없었습니다. 트러메인 옆에 뚱뚱한 남자 한 명이 서 있을 뿐이었습니다. 트러메인은 남자를 전차 앞으로 떠밀어 남자는 죽이되 다섯 명을 살릴 수도 있고, 다섯 명이 죽도록 그냥 내버려둘 수도 있다는 사실을 깨달았습니다. 그는 남자를 떠미는 쪽을 선택했습니다. 신사 숙녀 여러분, 이번에는 배심원의 11퍼센트만이 남자를 전차 앞에 떠민 행위가 정당하다고 생각했습니다.

검찰은 우리가 '두 사건이 매우 비슷해서 배심원단이 똑같은 평결을 내렸어야 한다'고 믿기를 바라는 게 틀림없습니다. 그런데 배심원단은 두 사건이 완전히 다르기 때문에 전혀 다른 평결을 내려야 한다고 결론 내렸습니다. 반대 의견은 거의 없었습니다. 첫번째 사건에서는 89퍼센트가, 두번째 사건에서는 11퍼센트가 '무죄'에 표를 던진 겁니다! 전차를 지선으로 틀어서 한 명의 목숨을 희생하는 대가로 다섯 명의 목숨을 살리는 것에는 거의 모두가 찬성했습니다. 뚱뚱한 남자를 전차 앞에 떠밀어 다섯 명을 구하는 것에는 거의 모두가 반대했습니다. 배심원단은 성별, 나이, 학력, 민족, 국적, (무엇보다 흥미롭게도) 도덕철학을 접했는지 여부와 상관없이 놀랍도록 비슷한 결정을 내렸습니다. 우리는 당연히 이렇게 물어야 합니다. "왜 이렇게 다른 평결이 나왔을까?"라고요.

다행히도 재판이 끝난 뒤에 배심원들에게서 평결이 왜 이렇게 다르게 나왔는지 이유를 들을 수 있었습니다. 검찰이, 일련의 추론을 바탕으로 결론을 내려야 한다는 것에 대다수 배심원이 동의할 것이라고 가정했음을 떠올려보십시오. 하지만 내막을 들어보니 실제 배심원들은 그런 식으로 결론에 도달한 것이 아니었습니다. 머피와 트러메인에 대해 다른 평결을 내린 것을 도덕적 추론으로 정당화한 사람은 극소수에 불과했습니다. 두 사건에 사실관계의 차이가 있으며 서로 다른 두 사실의 집합이 서로 다른 도덕적 추론으로 이어졌다고 응답한 사람은 얼마 되지 않았습니다.

그나마 도덕적 추론을 동원한 소수의 사람 중에서 어떤 사람들은, 머피는 손잡이를 당기면서 지선에 있는 사람의 죽음을 예견했지만 트러메인은 뚱뚱한 남자의 죽음을 의도했다고 언급했습니다. 말하자면 머피는 지선 위 남자의 죽음을 다섯 명의 목숨을 구하는 수단으로 이용하지 않은 반면에 트러메인은 뚱뚱한 남자를 수단으로 이용했습니다. 이 차이는 토마스 아퀴나스가 처음 정립한 이른바 '이중 결과(효과)의 원리Principle of Double Effect'에 해당합니다. 도덕적

좋은 의도였다면 나쁜
결과를 가져왔어도 허용한다
토마스 아퀴나스 Thomas Aquinas (1225~1274)

토마스 아퀴나스는 나폴리 왕국에서 아퀴노 백작 란돌포와 테아노 여백작 테오도라 사이에서 태어났다. 젊은 시절에 아퀴나스는 도미니쿠스회 수도사가 되기를 열망했으나 가족은 그가 베네딕투스회 수도사가 되기를 바랐다. 이 때문에 2년 동안 성에 감금되기도 했다. 결국 가족이 포기했고 아퀴나스는 파리 대학에 입학했다.

지금은 역사를 통틀어 최고의 가톨릭 철학자이자 신학자로 추앙받는 아퀴나스지만, 당시에는 첫 신학 토론에서 참패하고 동료 학생들에게 '벙어리 황소'라는 별명을 얻었을 정도로 평범했다. (그리하여 아퀴나스는 1학년 첫출발에 고전하는 학생들의 비공식 수호성인이 되었다.)

그뒤로 아퀴나스는 오늘날 어떤 철학자나 신학자도 엄두도 내지 못할 일을 감행했다. 모든 철학과 신학을 집대성한 대전大全을 편찬한 것이다. 대전은 두 가지였는데, 하나는 『신학대전』이고 또하나는 『대對이교도대전 Summa Contra Gentiles』이었다.

『신학대전』은 신의 존재 논증에서 선한 습관의 계발에 이르기까지 온갖 주제를 망라한다. 이 '사유의 성당'을 이루는 널빤지 하나가 바로 '좋은 결과와 나쁜 결과를 둘 다 초래하는 행동이 언제 허용되는가'라는 윤리적 물음에 대한 것이다. 그의 대답은 '이중 결과의 원리'로 알려졌는데, 복잡 미묘해서 76쪽 '주교의 의견서'라는 장章에서 따로 설명하기로 한다.

으로 좋은 의도를 가진 행위가 부산물로 나쁜 결과를 낳을 수는 있지만, 좋은 목적을 달성하려고 나쁜 수단을 써서는 안 된다는 원리입니다.

도덕적 추론을 동원한 소수의 집단 중에서도 또 어떤 사람들은 머피의 행위가 간접적impersonal인 반면에 트러메인의 행위는 직접적personal이라는 사실을 들어 두 평결의 차이를 설명했습니다. 아마도 그들이 뜻하는 바는, 머피는 지선에 있는 익명의 남자에게 손을 대지 않았지만 트러메인은 뚱뚱한 신사에게 손을 댔다는 얘기인 듯합니다.

머피가 기존 위험(전차에 치여 죽을 위험)의 방향만 바꾼 반면에 트러메인은 새로운 위험(육교에서 떠밀릴 위험)을 만들어 냈다는 사실을 지적한 사람들도 있었습니다.

신사 숙녀 배심원 여러분, 논란의 여지가 있지만 이상 일련의 추론들 중 하나만으로도 머피 사건과 트러메인 사건을 구별하기에는 충분합니다(곧 설명하겠지만, 두 사건은 메이프스 박사 사건과도 다릅니다). 검찰이 대프니 존스 사건과 비슷하다고 주장한 사건은 사실 매우 중요한 측면에서 전혀 다른 사건이었습니다. 따라서 다섯 사람보다 한 사람을 죽이는 것이 낫다는 공리주의적 근거에서 대프니 존스를 무죄로 판단하고 이와 전혀 다른 사건에서 메이프스 박사를 살인죄로 판단하는 것은 지극히 합리적입니다. 메이프스 박사 사건은 트러메인 사건과 마찬가지로 나쁜 결과를 (단순히 예견한 것이 아니라) 의도했고 (간접적 행위가 아니라) 직접적 행위였으며 (기존 위험의 방향을 바꾼 것이 아니라) 새로운 위험을 만들어냈습니다. 이 모든 요인을 고려할 때 대프니 존스 사건에 공리주의 원리를 적용하되 메이프스 박사 사건에는 적용하지 않는 것이 마땅하며, 두 사건을 다르게 판단하는 것에는 논리적 모순이 전혀 없습니다.

하지만 이게 다가 아닙니다. 두 평결의 차이를 설명하면서 합리적 근거를 댄 사람이 극소수에 지나지 않음을 명심하십시오. 배심원 대다수는 도덕적 추론을 전혀 동원하지 않았습니다. 어떤 사람들은 머피 사건에서는 공리주의적 근거(더 많은 사람을 살리는 것)를 동원하고 트러메인과 풍보 사건에서는 '의무론적' 근거(권리와 의무)를 동원했으면서도 두 접근법을 화해시키려고 하지는 않았습니다. 또 어떤 사람들은 그저 직관에 따라 서로 다른 평결이 나왔다고 말했습니다. 이런 사람들은 "어떻게 설명해야 할지 모르겠어요"라거나 "그냥 합리적인 것 같아서요" "그게 맞는 것 같았어요" "느낌이 오더라고요"라는 식으로 대답했습니다.

**배심원 대다수는
도덕적 추론을
전혀 동원하지
않았다.**

그리하여 커닝햄 검사의 변론은 두 가지 점에서 실패했습니다. 검사는 공리주의를 일관되게 적용하면 대프니 존스가 스위치를 당긴 행위와 메이프스 박사가 밥 티더링턴의 장기를 적출한 행위가 구별되지 않으며, 따라서 둘 다 비난받아 마땅하다는 취지로 변론했습니다. 하지만 머피 사건과 트러메인 사건에서 많은 배심원은 두 사건이 실질적으로 다르며 전자를 최대 다수의 최대 행복이라는 근거에서 판단하고 후자를 전혀 다른 근거에서 판단하는 것이 합리적이라고 생각했습니다. 게다가 배심원의 대다수는 도덕적 추론을 전혀 동원하지 않았으므로, 윤리적 일관성이 분명하게 유지되는가 하는 문제는 고려의 대상이 아닙니다. 배심원들에게는 두 사건이 매우 다르게 느껴진다는 것만으로도 판단을 내리기에 충분했습니다.

결국 대프니 존스 사건의 결정적 요인도 직관으로 귀결되지 않을까요? 말로 설명하지는 못해도, 우리는 존스 사건과 메이프스 박사 사건의 차이점을 느낍니다. 존스 사건을 느낌에 비추어 판단하는 것은 전혀 부끄러운 일이 아닙니다. 철학자들은 이러한 방법에 '윤리직관주의ethical intuitionism'라는 근사한 이름을 붙이기까지 했습니다.

정리하자면, 거의 언제나 그렇듯 상식은 이번에도 옳다고 입증되었습니다. 지구가 태양 주위를 돈다는 코페르니쿠스의 이론은 규칙을 입증하는 드문 예외입니다! 그래서 역사에 기록된 거죠!

대프니 존스는 아무런 잘못도 저지르지 않았습니다. 손잡이를 당기는 근거가 된 공리주의적 접근법은 메이프스 박사 사건이나 트러메인과 뚱보 사건에 결부된 추가적 요인과 무관합니다. 머피 사건과 트러메인 사건의 배심원들처럼 여러분 또한 커닝햄 검사가 전혀 다른 두 사건을 억지로 끼워맞추는 것에 현혹되어서는 안 됩니다. 대프니 존스에게 결코 2급 살인죄를 적용해서는 안 됩니다.

교수의 분석

강의명 : 현대 생활에서의 비판적 사고
뉴욕 뉴스쿨 강의실
2013년 4월 19일(금)

다들 안녕하세요. 강의실이 바뀌어서 모두 제대로 찾아오신 건지 확인 좀 해야겠네요. 이곳은 평생 학습 103강좌 '현대 생활에서의 비판적 사고' 강의실이에요. '19세기 러시아 소설' 들으러 오신 분 계세요? 그래요? 그 수업은 아래층으로 내려갔어요. 아마 21호일 거예요. 아니면 23호로 가보세요.

각설하고…… 제 이름은 키아라 제임스예요. 앞으로 8주 동안 비판적 사고 능력을 다듬고 이를 이용하여 시사 문제를 분석할 거예요. 이를테면 오늘은 전국을 떠들썩하게 한 재판을 살펴볼 거예요. 대프니 존스와 폭주 전차 사건이죠.

하지만 재판에 대해 이야기하기 전에 할 일이 많아요. 우선 재판에서 제기되는 문제들을 제대로 이해할 수 있도록 사고력을 갈고닦아야 해요. PBS에서 드러지 리포트(미국의 뉴스 링크 웹사이트—옮긴이)에 이르기까지 많은 매체에서 재판에 대해 논평을 내놓았는데, 일부는 꽤 날카로웠지만 상당수는 변변찮았어요.

이중에서 철학수업 들어보신 분 있나요? 예, 몇 분 있군요. 하지만 대부분은 아니네요. 괜찮아요. 철학을 알아야만 비판적 사고를 할 수 있는 건 아니니까요. 이번 과정을 마칠 때쯤이면 여러분 모두 지금보다 더 비판적으로 사고하게 될 거예요.

오늘은 우리가 생각할 때 유비類比가 어떤 역할을 하는지 먼저 살펴볼게요. 그다음에 전차 재판에서 유비가 한 역할을 들여다볼 거예요. 다른 학생들을 위해서 유비를 정의해주실 분 계신가요? 예, 말씀하세요.

"유비는 두 사물을 비교하는 것입니다. '당신은 그림처럼 아름다워요'라는 문장처럼요."

고마워요. 제가 그림처럼 아름답다는 건 아니에요. 물론 그 말씀도 고맙지만요. 하지만 학생 말이 맞아요. 유비는 비교예요. 학생이 든 예문 '그림처럼 아름답다'에서 어떤 사람—그래요, 저일 수도 있고 아닐 수도 있어요—을 그림과 비교해요. 아름다움을 기준으로 해서 말이죠. 이것은 매우 구체적인 유비예요. 저를—편의상 저라고 해두죠—그림과 비교할 때 어떤 기준을 쓰는지 분명히 밝히고 있기 때문이에요. 학생은 우리의 상대적 아름다움을 구체적으로 언급한 거예요.

하지만 유비는 대체로 비교 기준이 무엇인지 정확하게 밝히지 않고서 두 사물을, 또는 두 사람이나 두 사건을 비교해요. 어떤 예가 있을까요?

"다치기 전의 데릭 지터는 토끼 같았다."

좋아요. 다른 분 안 계세요?

"기자회견장에서 오바마 대통령은 스핑크스 같았다."

좋아요.

이런 유비는 데릭 지터가 정확히 어떻게 토끼와 비슷했는지 명확하게 밝히지 않아요. 귀가 닮았나요? 그건 아닐 테죠. 정력이 닮았을까요? 그러면 곤란하겠죠. 여기서 기준은 지터의 날렵함이나 그와 비슷한 특징이었을 거예요. 맞나요?

오바마 대통령은 정확히 어떻게 스핑크스와 비슷한가요?

둘 다 이집트 사막에 있었나요? 둘 다 돌로 만들었나요? 음, 이건 좀 까다롭군요. 그렇죠? '돌'이라는 단어는 '돌머리'라는 표현에서 보듯 은유적으로 쓰일 수도 있어요. 하지만 여기서 두 신체의 광물 조성을 비교하는 게 아니라는 것은 분명해요. 아마도 오바마 대통령의 속내를 알 수 없다거나 하는 식으로 생각해야겠죠.

따라서 유비는 어떤 면에서는 닮았지만 또 어떤 면에서는 다른 두 사물을 비교하는 수단이에요. "사과는 배를 닮았다"라는 말을 생각해보죠. 사과는 여러 측면에서 배를 닮았어요. 그렇죠? 칠판에 적어볼까요.

"둘 다 과일입니다."

"크기가 비슷해요."

"둘 다 맛있고요."

좋아요…… 이러다 가정경제학 수업이 되기 전에 그만해야겠네요. 이제 어떤 면에서 다른지도 정리해보죠. 의견 있어요?

"색깔이요. 사과는 전체적으로나 부분적으로 빨갛고—아오리 사과는 녹색이니까 다 그런 건 아니겠네요—배는 전체적으로 노랗거나, 갈색이 도는 초록 아니면 연두색입니다.

배도 다 그런 건 아니겠네요. 음, 색깔이 일부 겹치기는 하는군요."

그렇죠. 하지만 말씀하신 대로 사과와 배는 대체로 색깔이 다르죠. 그러니까 뺨이 배처럼 노랗거나 갈색이 도는 초록색이거나 연두색인 사람에게 '사과 같은 뺨'이라고 말하지는 않을 거예요. 또다른 차이점이 있을까요?

"사과는 둥근데 배는…… 어, 그러니까 그게…… 배 모양입니다."

오호! 여기까지만 할게요. 방금 유비와 관련하여 중요한 요점을 짚었거든요. 배의 모양이 배 모양이라고 말했을 때 여러분이 웃은 이유는, 이것이 어떤 면에서 완벽한 유비이기 때문이에요. 그러니까, 배의 모양은 배 모양과 가능한 모든 면에서 같아요. 이보다 나은 유비는 없어요. 그런가요? 틀렸어요.

역설적이게도 '완벽한' 유비는 엉터리 유비다.

역설적이게도 '완벽한' 유비는 엉터리 유비예요. 이 유비는 배의 모양에 대해 새로운 정보를 하나도 주지 못해요. 단지 두 사물을 같은 단어로 비교하고 표상하기 때문만은 아니에요. 그건 극단적인 경우예요. 하지만 "저 육각형은 변이 여섯 개인 도형과 같다"라는 문장은 육각형에 대한 새로운 정보를 전혀 알려주지 않아요 (우리가 육각형의 정의를 이미 안다는 전제하에서요). 즉 육각형이라는 단어에 대해 무언가를 말해주기는 하지만 저 육각형에 대해서는 아무것도 말해주지 않는 거죠.

이제, 완벽한 유비는 좋은 유비가 아님을 알았어요. 그래서 어쩌라는 거냐고요? 이렇게 꼬치꼬치 따지고 드는 이유가 뭐냐고요? 좋은 질문이에요. 철학자들의 골머리를 오랫동안 썩인 질문이죠. 현대 철학자들, 특히 영미권 철학자들은 폴 고갱의 1897년작 〈우리는 어디에서 왔는가? 우리는 무엇인가? 우리는 어디로 가는가?〉처럼 '거대한 질문'을 하기보다는 언어와 논리를 꼬치꼬치 따진다는 누명을 썼어요. 여러분 중에도 오늘의 유비 논의가 그렇게 여겨지는 분이 있을 거예요. 손을 들어보라고는 안 할게요.

다만 이 수업이 끝날 때쯤이면 질문을 하고 결정을 내릴 때 쓰는 연장을 다듬는 것이 매우 중요하다는 사실에 여러분 모두가 동의하셨으면 좋겠어요. 안 그러면 좋은 결정을 내릴 엄두도 내지 못할 거예요. 비판적 사고의 연장은 바로 언어와 논리예요. 도끼를 벼리는 것이 나무를 베는 것보다 중요할까요? 물론 그럴 리 없죠. 하지만 날카로운 도끼가 없으면 나무를 제대로 벨 수 없어요. 아예 베지 못할 수도 있어요. 그렇다면 언어와 논리 사용법을 배우는 것이 고갱의 물음에 대답하는 것보다 중요할까요? 물론 그렇지 않아요. 하지만 이 연장을 어떻게 쓰는지 제대로 모르면 엉터리 대답을 내놓을 수도 있어요. 어라, 제가 방금 유비를 썼군요! 어땠나요?

그런데 유비를 분석하는 것이 왜 중요할까요? 그 이유는 우리가, 유비란 언제나 한편으로는 비슷하고 또 한편으로는 다른 두 사물을 비교하는 것이라고 배웠기 때문이에요. 그래서 유비는 매우 유용하고 또 매우 위험해요. 유비는 양날의 검이에요. 유비 또 썼네요! 유비가 위험한 이유는, 사람들이 두 사물은 이 측면에서 비슷하니까 다른 측면에서도 비슷하다고 주장하지만 실제로 두번째 측면에서는 전혀 비슷하지 않을 수 있기 때문이라는 거예요.

이게 왜 문제가 될까요? 현실에서는 어떤 차이가 있을까요? 자, 오늘 설명한 내용을 언론에 보도된 실제 사건에 적용해보죠. 전차 재판 문제를 살펴보기 전에, 유비가 동원된 또다른 사건을 알고 계신 것이 있나요?

"예. 공립학교에서 진화론의 대안으로 '지적 설계론'을 가르치는 것에 대한 논쟁은 어떻습니까?"

좋은 예예요. 어디에 유비가 있죠?

"그러니까, 지적 설계론의 논리는 자연에 정교한 사물이 많다는 얘기인 것 같습니다. 자주 드는 예는 인간의 눈이죠. 이런 엄청난 복잡성은 인간이 만든 사물—이를테면 아이폰—의 복잡성과 매우 비슷합니다. 따라서 하늘에 스티브 잡스 같은 존재가 있어서 눈을 설계했음이 틀림없다고 추정할 수 있습니다."

좋아요. 종교철학에서 이를 일컬어 '유비논증argument from analogy'이라고 하는 것도 놀랄 일이 아니에요. 여러분 중에 몇 명이나 저 논증에 동의하세요? 절반 정도 되어 보이는군요. 반대하는 사람은 얼마나 되죠? 얼추 비슷한 것 같네요. 잘 모르겠는 사람은? 몇 명 있군요.

유비논증이 설득에 실패하는 경우는 두 가지가 있어요. 첫째는 두 사물이 닮았다는 주장에 별로 설득력이 없는 경우예요. 18세기를 풍미한 지적 설계론 논증으로 이런 것이

지적 설계론
Intelligent Design

지적 설계론은 1990년대에 설립된 미국 보수파 싱크탱크 '디스커버리 연구소 Discovery Institute'에서 채택한 용어로, '우주 생물의 어떤 특징은 자연선택 같은 무지향적 과정이 아니라 지적 원인으로 설명하는 것이 가장 타당하다'라는 이론을 일컫는다. 디스커버리 연구소는 공립학교에서 진화론과 더불어 지적 설계론을 가르쳐야 한다고 주장했다. 반대파는, 그랬다가는 유대교·기독교 교리가 교과과정에 침투하여, 정교분리를 규정한 (것으로 일반적으로 해석되는) 미국 헌법 수정 제1조 '국교 금지 조항'을 위반하게 된다며 맞섰다.

디스커버리 연구소는 지적 설계론이 종교 교리가 아니라 증거를 토대로 삼은 과학 이론이라고 주장한다. 다만, 이 지적 원인이 누구인지—또는 무엇인지—분명히 언급하지 않고 이 과정이 정확히 창세기에 기록된 대로 일어났다고 주장하지 않는다는 점에서 창조론과는 같지 않다고 말한다.

디스커버리 연구소는 지적 설계론이 창조론과 구별되기 때문에 학교에서 가르쳐도 헌법에 위배되지 않는다고 주장했다. 하지만 미국 지방법원에서 열린 '키츠밀러 대 도버 학구學區(펜실베이니아)' 재판에서는 다른 결과가 나왔다. 지적 설계론은 과학이 아니라 종교이며 공립학교에서 이를 가르치는 것은 헌법에 위배된다고 판결한 것이다.

있었어요. "우주는 거대한 시계와 같다."(당시는 아이작 뉴턴의 시대 직후여서 우주를 기계론적으로 설명하는 것이 유행이었어요.) 이런 논리예요. "시계를 보면, 우리는 시계공이 있다고 결론 내린다. 이와 마찬가지로 우주에 대해 곰곰이 생각하면 신성한 시계공—'창조주'라고 부를 수도 있다—이 있었다고 결론 내려야 한다."

스코틀랜드의 철학자 데이비드 흄은 이렇게 물었어요. "왜 우주를 하고많은 것 중에서 시계에 비유하는가? '우주는 거대한 동물과 같다'라고 말하면 안 되는가? 끊임없이 움직이고 모든 부분이 조화롭게 맞물려 돌아가니 말이다. 그렇다면 동물의 세계에서와 마찬가지로 '어미' 우주가 지금의 우주를 낳았다고 결론 내릴 수 있지 않을까?"

따라서 유비논증이 설득에 실패하는 한 가지 경우는 두 사물의 비슷한 점으로 제시된 기준이 별로 명확하지 않을 때예요. 그나저나 눈은 아이폰과 얼마나 비슷할까요? 따지고 보면 연체동물의 특수 광민감성 세포와 더 비슷하지 않을까요? 지적 설계론을 옹호하는 사람 중에서도 일부는 이 세포가 자연선택을 통해 생겼다는 것을 인정할 거예요.

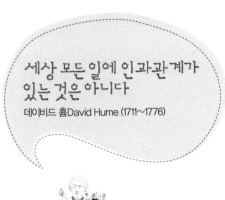

세상 모든 일에 인과관계가 있는 것은 아니다

데이비드 흄David Hume (1711~1776)

데이비드 흄은 영국 에든버러에서 태어나 홀어머니 슬하에서 자랐다. 그는 한때 자신을 "온화한 기질, 강한 자제력, 개방적이고 사교적이며 쾌활한 성품, 애착이 강하지만 증오에 빠지지 않는 능력, 모든 성정의 중용 등을 겸비한 사람"으로 묘사했다. 이 온화한 남자가 칸트를 '독단의 잠'에서 깨웠다!

흄은 영국의 경험론자 중에서 가장 중요한 인물이다(경험론자는 철학이 감각 경험에 주어진 것을 넘어설 수 없다고 주장한 사람들이다). 이를테면 흄은 인과 관념에 회의적이었다. 흄에 따르면, 당구공이 또다른 당구공을 때려 두번째 당구공이 움직였을 때 우리가 이 경험으로부터 내릴 수 있는 유일한 결론은 두 사건 사이에 어떤 필연적 인과관계가 있는 것이 아니라 두 사건이 언제나 함께 일어난다는 것뿐이다.

이러한 회의론은 이른바 '자연종교Natural Religion'에까지 확장되었다(자연
종교란 정교함이나 아름다움 같은 자연계의 성질을 바탕으로 초자연계를 이해하려
는 종교를 일컫는다). 흄이 반박한 자연종교 논증 중에는 설계논증argument
from design으로 알려진 유비논증도 있었다. 한 세기 뒤에 이를 계승한 것
이 지적 설계론이다.

유비논증이 설득에 실패하는 두번째 경우는 비교 대상인 두 사물―눈과 아이폰―이 실제로 하나 이상의 측면에서 꽤 비슷하기는 하지만, 그렇다고 해서 반드시 그 밖의 측면에서까지 비슷하지는 않을 때예요. 눈과 아이폰의 경우는 '어떻게 생겨났는가'의 문제겠죠. 아이폰을 애플이 만들었다고 해서, 눈이 완전히 다른 식으로―이를테면 수백만 년에 걸친 돌연변이와 자연선택을 통해서―발달하지 못했으리라는 법은 없어요. '어떻게 생겨났는가'가 바로 두 사물의 차이점일 수도 있으니까요. 스티브 잡스가 자연 만물의 정교함에 영향이나 (심지어) 영감을 받았을지도 몰라요. 저야 알 수 없죠. 하지만 그것은 자연 만물이 어떻게 생겨났는가와 무관할 수도 있어요.

자, 결과를 확인해볼까요? 몇 분 전까지 지적 설계론 논증에 설득력이 있다고 생각한 사람 중에서 이제 설득력이 낮다고 생각을 바꾼 사람 있어요? 몇 명 있군요. 잘 모르겠다고 손든 사람 중에서 이제는 전혀 설득력이 없다고 생각하는 사람은 몇 명인가요? 예, 이번에도 몇 명 되네요. 이로써 우리는 결정을 내리는 데 필요한 연장을 날카롭게 벼렸을 때 어떤 결과가 나오는지 알았어요. 우리는 유비의 성격을 살펴보고 유비가 남이나 우리 자신을 어떻게 오도할 수 있는지 분석했어요. 그랬더니 몇 명은 현실의 실제 사안에 대해 생각을 바꿨어요. 모두가 그런 것은 아니지만, 일부는 —옳든 그르든—생각이 달라졌어요.

아직도 같은 의견을 고집하는 사람들은 제가 "개수작으로 여러분을 현혹했"다고 의심할지도 모르겠어요. 지난 학기에 한 학생이 한 말이에요. 제가 여러분의 머릿속을 흐리고 엉뚱한 생각을 주입하려 했는지도 몰라요. 그렇게 생각하신다면, 그것도 괜찮아요. 회의론은 좋은 거예요. 하지만 제가 여러분을 속이려 했더라도 이 또한 여러분이 비판적 사고 능력을 다듬어야 하는 근거예요. 그래야 저 같은 사람한테 속아 넘어가지 않을 테니까요. 왜냐하면—똑똑히 들어두세요 —정치인, 법조인, 영업사원 등 수많은 사람들이 여러분을 속이려 들기 때문이에요.

좋아요. 이제 전차 재판을 들여다볼 준비가 끝났어요. 이 재판에서는 어떤 유비가 사용되었나요? 예, 말씀하세요.

"검찰은 대프니 존스가 손잡이를 잡아당겨 다섯 사람을

살리고 한 사람을 죽인 것이 의사가 중상 환자 다섯 명을 살리려고 건강한 사람의 필수 장기를 적출한 것과 비슷하다고 말합니다."

좋아요. 검찰측의 주장은 전적으로 유비에 바탕을 두고 있어요. 하지만 변호인측의 주장도 유비의 비중이 커요. 변호인은 존스 사건('사건 A'라고 하죠)이, 전차를 운전하는 여인이 다섯 명을 구하려고 한 명을 죽이는 결정을 내리는 또다른 사건(사건 B)과 매우 비슷하다고 말해요. 다음으로, 외과의사 사건(사건 C)이 뚱보를 전차 앞에 떠밀어 선로 위 다섯 명을 구한 사건(사건 D)과 매우 비슷하다고 주장해요. 이렇게 해서 사건 A가 사건 B와 매우 비슷하고 사건 C가 사건 D와 매우 비슷한데 이전 배심에서 사건 B와 사건 D가 별로 비슷하지 않다고 이미 판단했으므로 사건 A와 사건 C도 별로 비슷하지 않다고 결론 내려야 한다고 결론 내려요.

헉헉. 다들 잘 따라오고 계세요? 한 번에 한 단계씩 살펴볼게요. 변호인은 다음과 같이 주장했어요.

⑴ 사건 A는 사건 B와 매우 비슷하다. 손잡이를 당기는 것은 전차를 운전하는 것과 매우 비슷하다.

(2) 사건 C는 사건 D와 매우 비슷하다. 의사가 장기를 적출하는 것은 사람을 다리에서 떠미는 것과 매우 비슷하다.

(3) 사건 B는 사건 D와 별로 비슷하지 않다. 전차를 운전하는 것은 사람을 다리에서 떠미는 것과 별로 비슷하지 않다.

(4) 따라서 사건 A는 사건 C와 별로 비슷하지 않다. 손잡이를 당기는 것은 의사가 장기를 적출하는 것과 별로 비슷하지 않다.

휴, 유비를 정말 복잡하게 쓰고 있군요. 유비가 때로 우리를 오도할 수 있음은 이미 확인했어요. 이 난해한 주장은 우리를 오도할 가능성이 지대해요.

그렇다면 이 사건에서 변호인들이 사용한 유비에 대해 우리는 어떤 물음을 던져야 할까요? 존스가 손잡이를 당긴 것과 메이프스 박사가 건강한 환자의 장기를 적출한 것을 비교한 검찰측의 유비만 놓고 살펴본다면요.

"저라면 눈과 아이폰에 대해 했던 것과 똑같은 질문을 던지겠습니다. 첫번째 질문은 '두 사건이 대체 얼마나 비슷한가?'입니다. 단지 다섯 명을 살리기 위해 한 사람을 죽게 했다는 이유만으로, 존스가 손잡이를 당긴 것이 메이프스 박사가 건강한 환자의 필수 장기를 적출한 것과 그렇게 비슷하다고 말할 수 있을까요?"

맞아요. 유비가 어떤 면에서는 비슷하고 또 어떤 면에서는 다른 두 사물을 비교한다는 것은 누구나 알아요. 따라서 우리가 물어야 할 것은 두 사건이 정말로 매우 비슷한가예요. 두 사물이 어떤 면에서도 비슷하지 않은 경우는 찾아보기 힘들어요. 영국의 논리학자 루이스 캐럴은 『이상한 나라의 앨리스』에서 "갈까마귀와 책상이 왜 비슷하게?"라는 수수께끼를 냈는데, 어떤 사람이 "포가 그걸로 시를 썼지"라는 답을 생각해냈어요(에드거 앨런 포의 시 중에 「까마귀」가 있다―옮긴이).

"그래서 저의 다음 질문은 두 사건의 차이들 중 하나가 실제로 차이를 만들어내는가입니다. 우리가 두 사건이 매우 비슷하다고 생각하더라도, 둘의 차이점이 메이프스 박사는 유죄이고 존스는 무죄라고 생각할 근거가 되느냐는 거죠."

딩동댕!

잘했어요. 이 질문에 대해 고민하는 것은 여러분 몫으로 남겨두겠어요. 다음주에 배심원들이 어떤 결정을 내리는지 흥미롭게 지켜보자고요.

심리학자의 견해

"정의에 대한 모욕"
어빙 와튼버그 박사, 편집장
《사이콜로지 나우! 인간 행동 연구》, 온라인판
2013년 4월 19일(금)

미국의 대다수 국민은 이른바 대프니 존스 전차 재판이 보도된 지난 몇 주간 텔레비전에서 눈을 떼지 못했다. 재판은 현재 여론법정에서 심리중이다. 도덕적·법적 책임 문제가 언론의 뜨거운 쟁점이 되었으며 일반인들도 열띤 논쟁을 벌였다. 논쟁의 양측은 많은 사람의 목숨을 구하려고 한 사람의 목숨을 앗아가는 것을 옹호할 수 있는지, 만일 옹호할 수 있다면 어떤 상황에서 그러한지를 놓고 격론을 벌였다. 하지만 논란을 자세히 들여다보면, 어느 쪽도 도덕적 판단의 과학적 토대를 이해하지 못하고 있음을 알 수 있다.

fMRI(기능적 자기공명 영상)에서 분명히 밝혀진바 어떤 종류의 도덕적 딜레마에서는 도덕적 판단을 결정할 때 정서와 연계된 뇌 부위가 인지 활동과 연계된 뇌 부위보다 훨씬 큰 역할을 한다. 이는 타인에 대한 간접적 침해(이를테면 대프니 존스가 손잡이를 당겨 자신이 모르는 사람에게로 전차 방향을 돌린 것) 보다 직접적 침해(이를테면 필수 장기를 적출하거나 육교 위에서 떠미는 것)에서 더 뚜렷이 드러난다.

한마디로 우리 인간이 이런 식으로 도덕적 판단을 내리는 것은 이렇게 생겨먹었기 때문이다. 맨손으로 누군가를 죽인 다고—아니면 메스로 찌르거나 육교 위에서 떠민다고—생 각하면 소름이 끼치는 것은 다른 사람에게 고의로 살해되는 것에 대한 두려움과 관계가 있다. 누군가 전차의 방향을 틀어 우리를 덮치게 할 가능성을 우리가 날카롭게 지각한다면 —즉 이런 일이 주변에서 무시로 일어난다면—우리는 이런 가능성에 대해서도 정서적으로 격하게 반응할 것이다. 대프니 존스의 행동에 대해서도 다르게 느낄지 모른다. 하지만 현실에서 우리는 존스의 행동에 대해 그런 정서적 반응을 나타내지 않으며, 마치 그렇게 반응하는 양 그녀를 판단하는 것은 부적절하다.

과학 이전의 세계에서 철학자들이 '누 군가를 죽이는 것보다 그의 죽음에 대 해 간접적 역할을 하는 것이 왜 더 나 은가'를 해명하는 도덕적 추론을 탐구

한 것도 납득할 만하다. 이에 반해 오늘날 과학적 세계에서 는 도덕적 가치판단보다는 심리학적 사실을 통해 결론을 내 리려 한다. 우리가 메이프스 박사의 행위에 정서적 반감을 느끼는 것은 사실의 문제다. 존스의 행위에 비슷한 정서적 반감을 느끼지 않는 것 또한 사실의 문제다. 그런데 검사가 두 사건에서 목격한 유사성은 인지적 과정을 통해 도출한 결 과다. 정서적 관점에서 보면 두 사건은 더할 나위 없이 다르 다. 이른바 도덕적 결정에서는 정서가 늘 이성을 압도한다.

우리는 '직접적'인 살해 행위에서 정서가 가진 커다란 중 요성이 인간의 진화, 즉 자연선택에서 비롯했다고 추측할 수 있다. 한번 재구성해보자. 고의로 남을 죽이는 것에 대해 강한 정서적 반감을 느끼도록 두뇌가 유전적으로 프로그래 밍된 사람들은 생존 가능성이 분명히 더 컸을 것이다. 이들 의 생존 가능성이 더 컸기에, 현대인의 유전자에는 이들의 흔적이 많이 남아 있다. 이런 이유로, 오늘날 거의 모든 사

람에게는 '직접적'으로 남을 죽이는 것에 정서적 반감을 느끼는 유전적 성향이 있다.

하지만 이게 다가 아니다. 문화적 차원에서 보자면, 생존한 사람들은 자신의 유전적·정서적 성향에 토대를 둔 관습을 자녀에게 물려줄 가능성이 컸다. 따라서 살인에 대한 후손의 정서적 반감은 더 커진다. 문화적 금기를 깨뜨리면 정서적으로 대혼란이 일어나기 때문이다. 한 사회에서 효과 면에서나 정서 면에서나 가장 강력한 부정적 규칙인 '금기'가 발달한 것은 위험한 세상에서 개인으로 살아가는 것이 불안하기 때문이다. 구성원들의 두뇌에서 정서를 담당하는 영역이 '개인으로서 맞닥뜨리는 위험'에 가장 민감한 사회에서 가장 강력한 집단 사고(즉 금기)가 발달했다. 생존 가능성도 이런 사회가 더 높다. 오늘날을 살아가는 대부분의 사람들은 '직접적' 살인에 대해 유전적·정서적 반감을 둘 다 느끼며, 사회적 금기(이를테면 직접적 살인)를 깨뜨리는 것에 대해서도 유전적·정서적 반감을 느낀다.

선로 손잡이를 당기기로 한 대프니 존스의 결정처럼 죽음을 허용하는 덜 직접적인 결정에 맞닥뜨리면 사람들은 뇌에서 (정서가 아니라) 인지와 연계된 부위를 사용할 가능성이 크다. 그래서 한 사람을 죽이는 것이 다섯 사람을 죽이는 것보다 낫다는 추상적 원칙을 도출하는 것이다. 우리의 정서가 항상 이 원칙과 충돌하는 것은 아니기 때문에, 우리는 아마도 이 원칙을 받아들일 것이다.

인지적 측면에서 존스 사건은 악당 의사 사건이나 똥보를 떠민 남자 사건과 비슷하다. 둘 다 다섯을 구하기 위해 하나를 희생시켰다. 하지만 심리적·정서적 측면에서는 존스 사건과 두 사건 사이에 커다란 차이가 있다. 배심원단이 대프니 존스에게 무죄 평결을 내려야 하며 틀림없이 그러리라는 것은 엄연한 사실이다.

댓글

💬
eddieinbrooklyn
이 논설은 일관성이 없어 보인다. '배심원단은 대프니 존스에게 무죄 평결을 내려야 한다' '존스가 손잡이를 당긴 것에 대해 정서적 반응을 나타내는 양 판단하는 것은 **부적절하다**'라는 식의 가치판단이 곳곳에 들어 있다. 또한 논설 필자는 모든 가치판단이 우리가 정서적으로 프로그래밍된 방식으로 환원된다고 생각하는 모양이다. 그렇다면 배심원들이 존스에게 유죄 평결을 **내려서는 안 된다**고 말해야 하는 이유

는 무엇인가? 어차피 유죄 평결을 내리거나 안 내리거나 둘 중 하나
인데 말이다. 배심원들이 존스가 유죄라고 판단한다면, 논설 필자는
배심원들이 그렇게 정서적으로 프로그래밍되어 있다고 결론 내릴 것
인가? 논설 필자는 우리가 가치라고 부르는 것이 단지 특별한 종류의
사실—프로그래밍된 정서적 사실—이라고 말하면서도 자신의 가치
를 뒷문으로 몰래 들여보내려 한다.

cutiepie137

에디 님은 요점을 놓치고 있어요. 배심원단이 존스를 무죄로 판단해
야 하는 이유는 가치가 사실로 환원되기 **때문**이에요. 만일 존스를 유
죄로 판단한다면, 그것은 '그래야 하는' 이유가 있다고 배심원단이 생
각하기 때문일 거예요. 하지만 그런 이유는 없어요. 검찰측이 배심
원단을 현혹하지 못하는 한 배심원단은 존스를 유죄로 판단하지 않
을 거예요. 무언가에 현혹되어 판단을 내려서는 안 된다는 데는 동의
하시죠?

nerdyferdy##

에디 님, 큐티파이 님 말이 옳음. 도덕철학 같은 건 이제 없음. 이젠
심리학과 신경과학임. 우리가 세상을 어떻게 **보아야 하는**가를 놓고
철학자들이 **공론**空論을 늘어놓던 시대는 지났음. 뇌를 과학적으로 연
구하면 철학 개념이라는 것이 여느 비과학적 개념과 마찬가지로 뇌
방귀 뀌는 소리라는 걸 알게 됨. 에디 님, 21세기에 적응 좀 하삼.

eddieinbrooklyn

오오. 이거 떼로 몰려드는군. "도덕철학 같은 건 이제 없음"이라는 말이 무슨 뜻이지? **사실**의 진술로서는 명백히 틀린 말인데. 정작 하려던 말은 "도덕철학 같은 건 이제 **없어져야 함**"일 텐데, 그건 가치판단이다. 배심원단의 결정이 무언가에 현혹된 결과여서는 **안 된다**는 큐티파이 님의 말도 가치판단이다. 물론 그녀의 말에 동의하지만, 그래도 가치판단은 가치판단이다.

어쨌든 이것만은 꼭 지적하고 싶다. 와튼버그 박사가 논설에서 한 말을 요약하면 '정서적 반응을 도덕적·법적 결정의 토대로 **삼아야 한다**'는 것이다. 이것은 정서가 **수행해야 하는** 역할에 대한 그의 **가치판단**이다. 와튼버그 박사는 그저 정서가 도덕적 결정에서 **실제로** 중요한 역할을 한다고 말하는 게 아니다. 그 말에 반대할 사람이 누가 있겠는가? 이것이 도덕적 결정을 내리는 **올바른** 방식이라고 말하니까 문제인 거지. 와튼버그 박사는 사실의 세계를 떠나, 무엇이 올바른가에 대해 가치판단을 하고 있는 것이다.

professorkgw

에디 님의 취지는 여러분이 이른바 '자연주의의 오류'를 저지르고 있다는 것입니다. 영국의 철학자 G. E. 무어는 '좋음'이라는 단어를 정의할 수 없다고 말했습니다. 그것이 '자연적인' 성질, 이를테면 '쾌감' 같은 것으로 환원되지 않는다는 것이죠. 무어는 '자연적'을 '사실적'이라는 의미로 썼습니다. 과학자가 관찰하고 측정할 수 있는 것이라는 뜻입니다. 어떤 것이 쾌감을 주는가는 과학적으로 검증할 수 있지만, 어떤 것이 좋은가는 과학적으로 검증할 수 없습니다. 따라서 메이프스 박사가 환자를 '직접적'으로 살해한 것에 반대하는 정서적 성향이 우리에게 있다는 것이 **사실**이고 대프니 존스가 손잡이를 당긴 것에 반대하는 정서적 성향이 우리에게 없다는 것이 **사실**이더라도, 이런 이유로 하나는 나쁘고 하나는 좋다고 반드시 판단해야 하는 것은 아닙니다.

이렇게 생각해봅시다. 누군가 '좋은 것'은 '쾌감을 주는 것'이라고 주장한다면, 이 사람은 제가 "하지만 쾌감을 주는 것은 반드시 좋은 것인가요?"라고 물었을 때 제 말을 알아들을까요? 물론 알아들을 것입니다! 제 질문이 "쾌감을 주는 것은 반드시 **쾌감을 주는 것**인가요?"라고는 생각지 않을 것입니다. '좋은 것'이 과학적 사실의 세계와 전혀 다른 영역에 속한다는 사실은 누구나 알기 때문입니다. 바로 가치의 용어인 것이죠. 그래서 직접적 살인에 반감을 느끼는 유전적 성향—또는 단지 심리적 성향—이 우리에게 있다는 것이 사실이더라도, 도덕적·법적 판단을 할 때 그 사실을 바탕으로 **삼아야 하는가**는 늘 물을 수 있습니다.

mixedupinaustin

좋은 토론이군! 나한테 '좋음'은 '즐거움'이야.

professorkgw

믹스트업 님, 맞습니다만, 방금 자연주의의 오류를 저지르셨군요.

mixedupinaustin

이 정도는 약과지.

좋은 것은 좋은 것일 뿐,
다른 무엇도 아니다

G. E. 무어George Edward Moore (1873~1958)

조지 에드워드 무어는 영국 런던 근교에서 여덟 형제 중 하나로 태어났다. 어릴 적에는 대부분의 교육을 부모에게서 받았다. 아버지는 읽기, 쓰기, 음악을 가르쳤고 어머니는 프랑스어를 가르쳤다. 열한 살에 케임브리지 대학에 가서 고전을 배웠으나 얼마 안 가서 버트런드 러셀의 영향을 받아 철학을 공부했다.

일설에 따르면 '조지 에드워드'라는 이름이 싫어서 'G. E.'라고 쓰기 시작했다고 한다. 아내는 그를 '빌'이라고 불렀다(이유야 자신이 제일 잘 알겠지).

무어는 모든 철학 분야에 상식적으로 접근하여 명성을 얻었다. 이를테면 윤리학에서는 조지프 버틀러 주교의 명언 "모든 것은 바로 그것이지 다른 것이 아니다"를 인용하여 '좋음'을 정의할 수 없다고 주장했다. 자연주의의 오류에 대한 무어의 논박을 간단히 표현하자면 "좋은 것은 좋은 것이지 다른 것이 아니다"라고 할 수 있다.

'세계의 본성'과 '어떻게 행동해야 하는가'에 대한 거창한 담론에서 의미 분석으로 철학의 방향을 돌림으로써 무어는 러셀과 비트겐슈타인 같은 영국의 철학자들과 더불어 20세기와 21세기에 영미철학이 나아갈 길을 닦았다.

주교의 의견서

법정 의견서
미국 가톨릭 주교 회의를 대표하여 페드로 오쇼그네시 주교가 발표
2013년 4월 19일(금)

여론법정의 신사 숙녀 배심원 여러분, 로마 가톨릭 웨스트 버지니아 헌팅턴 교구 주교이자 교회법학자로서 저는 미국 가톨릭 주교 회의를 대표하여 대프니 존스의 무죄 평결을 옹호하는 법정 의견서를 제출합니다. 의견서는 이중 결과의 원리에 대한 로마 가톨릭 교회의 가르침에 바탕을 두고 있습니다.

이 원리는 13세기에 성 토마스 아퀴나스가 『신학대전』에서 정당방위 살인이 허용되는 논거로 처음 제시했습니다.

가톨릭 교회의 교리문답에서는 선을 추구하고 악을 멀리하는 것을 기본적 도덕 원칙으로 삼아야 한다고 가르칩니

다. 하지만 토마스 성인은 한 행위에 두 결과(좋은 결과와 나쁜 결과)가 있으며 조건에 따라서는 좋은 행위가 나쁜 결과—심지어 정상적 상황에서는 회피할 의무가 있는 결과—를 낳더라도 이 행위가 허용될 수 있다고 말합니다. 그래서 살인은 일반적으로 금지되지만 정당방위 살인은 때에 따라 허용됩니다.

토마스 성인은 "만물은 가능한 한 '존속being'을 유지하는 것이 자연적"이라고 판단하기에, 자신의 목숨을 구하는 것을 대체로 좋은 것으로 받아들입니다. 물론 문제는 정당방위 살인이

> **조건에 따라서는 좋은 행위가 나쁜 결과를 낳더라도 이 행위가 허용될 수 있습니다.**

자신의 '존속'을 유지하는 대가로 남의 존속을 끊는다는 것입니다. 또한 토마스 성인은 매우 특정한 어떤 조건에서는 좋은 결과와 더불어 나쁜 결과를 야기하는 행위가 허용될 수 있다고 주장합니다. 가톨릭 교회에서는 이 조건을 네 가지로 정리했습니다.

(1) 행위 자체가 도덕적으로 선하거나 적어도 중립적이어

야 한다.

(2) 행위자가 나쁜 결과를 적극적으로 기도企圖하는 것은 안 되지만 나쁜 결과를 허용할 수는 있다. 나쁜 결과 없이 좋은 결과를 얻을 방법이 있다면 그렇게 해야 한다.

(3) 좋은 결과는 적어도 나쁜 결과만큼 직접적으로 행위에서 기인해야 한다. 말하자면, 좋은 결과는 나쁜 결과로부터가 아니라 행위로부터 직접 생겨야 한다. 그렇지 않으면 행위자는 좋은 목표를 달성하려고 나쁜 수단을 쓰는 격이 되는데, 이는 결코 허용되지 않는다.

(4) 좋은 결과는 나쁜 결과의 용인을 정당화할 만큼 바람직해야 한다.

이제 이 기준을 정당방위와 무관한 사건, 즉 대프니 존스 사건에 적용해보겠습니다.

(1) 행위를 모든 결과에서 분리하면 전차의 선로를 바꾸는 행위는 도덕적으로 중립적이다. 따라서 조건 1은 충족된다.

(2) 우리가 알기로 존스는 지선에 있던 사람, 즉 쳇 팔리의 죽음을 기도하지 않았다. 다섯 명의 목숨을 구하는 부수적

결과로 팔리의 죽음을 예견하고 허용했을 뿐이다. 우리는 모두, 존스가 팔리의 죽음을 야기하지 않고서 다섯 명의 목숨을 구할 수 있었다면 그렇게 했을 것임을 인정해야 한다. 조건 2도 충족된다.

(3) 존스는 손잡이를 당겨 먼저 팔리를 죽인 뒤에 그의 시신을 이용하여 전차를 멈춘 것이 아니다. 손잡이를 당기는 행위의 직접적 결과는 다섯 명을 구한 것이다. 그뒤에야— 물론 고작 몇 초 뒤였지만—(손잡이를 당기는 행위가 아니라) 전차가 팔리를 죽였다. 조건 3도 충족된다.

(4) 다섯 명의 목숨을 구하는 유익은 한 명의 목숨을 잃는 것보다 크다. 조건 4도 충족된다.

검찰측은 이 사건이 환자 다섯 명의 목숨을 구하려고 건강한 환자의 장기를 적출하여 그를 죽인 메이프스 박사의 사건과 비슷하다는 사실을 중요하게 언급합니다. 하지만 메이프스 박사 사건은 이중 결과의 원리를 이루는 네 가지 기준에 부합하지 않습니다.

(1) 무고한 사람을 죽이는 행위는 그 자체로 좋은 행위가

아니므로 조건 1이 충족되지 않음은 분명하다. (단, 다음의 조건 3에 대한 논의를 참고하라.)

(2) 메이프스 박사는 6번 환자 밥 티더링턴의 죽음을 기도했음이 틀림없다. 사람에게서 필수 장기를 적출하는 것은 그를 죽이는 것과 마찬가지임을 알았기 때문이다. 따라서 조건 2는 충족되지 않을 것이다. (단, 다음의 조건 3에 대한 논의를 참고하라.)

(3) 조건 3이 문제의 핵심이다. 혹자는 메이프스 박사가 저지른 '행위'가 티더링턴 살해가 아니라 장기 적출이라고 주장할 것이다. 티더링턴의 죽음은 장기 적출의 (의도하지 않은) 부수적 결과일 뿐이라는 것이다. 이런 논리에 따르면 메이프스 박사 사건은 존스 사건과 비슷하다고 볼 수 있다. 말하자면 메이프스 박사는 좋은 결과(다섯 환자의 목숨을 구하는 것)와 나쁜 결과(티더링턴의 죽음)를 가져오는 행위를 수행하려 한 것이다. 조건 1은 아마도 충족될 것이다. 장기를 적출하는 행위 자체는 그 자체로 좋거나 적어도 중립적이기 때문이다(물론 건강한 장기를 적출하는 것은 결코 좋은 행위가 아니며, 심지어 중립적 행위도 아니라는 반론이 있을 수 있다). 조건 2도 아마 충족될 것이다. 메이프스 박사는 결코 티더링턴의 죽음을

직접 기도하지 않았으며 단지 필수 장기의 조달만을 기도했기 때문이다.

여기서 우리는 조건 3이 얼마나 기발한지, 메이프스 박사 사건이 왜 조건 3을 충족하지 못하는지 알 수 있습니다. 필수 장기를 적출하는 행위와 살인 행위를 구분하려는 것처럼 너무 깐깐하게 구분하려 드는 이런 궤변에 맞서려고 조건 3을 만든 것이죠. 주지하다시피 조건 3에서는 좋은 결과가 적어도 나쁜 결과만큼 직접적으로 행위에서 기인해야 한다고 규정합니다. 자, 메이프스 박사의 행위가 단지 티더링턴의 장기를 적출하는 것이었다고 말한다 하더라도, 사실은 그 행위 직후에 나쁜 결과(티더링턴의 죽음)가 뒤따랐습니다. 환자 다섯 명의 목숨을 구하는 좋은 결과는 몇 분 뒤에 뒤따랐고요. 따라서 메이프스 박사는 사실상 좋은 목적을 위해 나쁜 수단(티더링턴의 장기를 적출하고 그 직접적 결과로 그의 죽음을 야기한 행위)을 사용한 것입니다. 이것은 결코 허용되지 않습니다.

조건 4는 메이프스 박사 사건에서 충족된다고 선뜻 인정할 수 있습니다. (논란의 여지가 있지만) 좋은 결과가 나쁜 결과보다 컸기 때문입니다.

이제 이중 결과의 원리를 둘러싼 더 넓은 맥락을 살펴봅시다. 이를테면 낙태에 대한 가톨릭 교회의 입장은 부분적으로 이 원리에 바탕을 두고 있습니다.

임신부의 목숨을 구하려고 낙태하는 행위는 허용되지 않는데, 이는 조건 1이나 조건 2를 충족하지 않기 때문입니다. 무고한 사람을 죽이는 행위는 그 자체로 좋지 않으며, 임신부의 목숨을 구하기 위한 낙태는 좋은 결과(임신부의 목숨을 구하는 것)를 이루기 위한 수단으로 나쁜 결과(태아의 죽음)를 동원해야 합니다.

하지만 임신부가 자궁암 진단을 받았다면, 태아의 죽음을 감수하고 자궁절제술을 받는 것이 허용됩니다. 이 수술은 이중 결과의 원리를 이루는 네 가지 조건을 모두 충족하기 때문입니다.

⑴ 암 조직을 제거하는 것은 그 자체로 좋은 일이다.

⑵ 임신부와 의사 중 누구도 태아의 죽음을 기도하지 않는다. 단지 예견하고 허용할 뿐이다.

⑶ 임신부의 목숨을 구하는 것은 태아의 죽음이라기보다

는 자궁절제술이다.

(4) 임신부의 목숨을 구하는 것은 적어도 태아의 목숨을 구하는 것만큼 좋은 일이다.

교회가 이중 결과의 원리를 적용하는 또다른 예로 조력 자살assisted suicide 문제가 있습니다. 가톨릭에서는 환자가 자살하도록 도와주는 것이 '살인하지 말라'라는 계명에 어긋나기 때문에 결코 허용되지 않습니다. 말하자면 조건 1을 충족하지 못하는 것입니다. 의사가 환자를 직접 죽이는 것이 아니라 약만 건네주는 것이라고 해도 소용없습니다. 환자를 죽이겠다는 의도가 있기 때문입니다(조건 2). 의사가 자신의 의도는 단지 '환자의 고통을 끝장내는' 것이라고 말하더라도, 환자의 통증을 덜어준다는 좋은 결과를 가져오는 것은 환자의 죽음이라는 문제가 남습니다. 이는 조건 3에 위배됩니다.

그렇다면 통증 완화를 위해 환자에게 다량의 모르핀을— 십중팔구 죽음을 앞당길 만큼 다량의 모르핀을—처방하는 것은 괜찮을까요? 그건 괜찮습니다. 왜 그럴까요?

(1) 환자의 통증을 완화하는 것은 그 자체로 좋다.

(2) 의사는 환자의 죽음이 아니라 통증의 중단을 기도한다 (환자의 죽음이 앞당겨질 수 있음을 예견하고 허용하기는 하지만).

(3) 통증 완화(좋은 결과)는 나쁜 결과(환자의 죽음)로부터 야기되지 않는다. 실제로도 통증 완화가 환자의 죽음보다 먼저 일어난다. 이를 키보키언 박사(130여 명의 안락사를 돕고, 환자들의 '죽을 권리'를 주장한 미국의 의사―옮긴이)의 동기와 비교해보라. 그가 환자의 극약 투약을 도운 것은 환자의 고통을 중단시키려고 환자를 죽이고자 한 것이다.

(4) 견딜 수 없는 통증을 덜어준다는 좋은 결과는 환자의 죽음을 앞당긴다는 나쁜 결과를 능가한다. (하지만 가벼운 두통을 다스리려고 치사량의 모르핀을 주는 것은 허용되지 않을 것이다.)

대프니 존스 사건으로 돌아가자면, 미국 가톨릭 주교 회의의 입장은 자궁암에 걸린 임신부의 자궁을 제거한 의사나 극심한 통증에 시달리는 환자에게 치사량의 모르핀을 처방한 의사에 비해 존스가 결코 더 나쁜 짓을 하지 않았다는 것입니다. 따라서 배심원단은 존스에게 무죄 평결을 내려야 합니다.

결론에 부쳐 부차적 문제를 하나 언급하고자 합니다. 낙태 등의 사안에 대하여 교회의 가르침을 비판하는 사람들은 교회가 사소한 문제에 집착한다고 말하는 경우가 많습니다. 그에 대해서는 여하한 도덕적(또는 법적) 규칙을 제정할 때 경계선상의 사례를 상세히 구분하는 것이 불가피한 결과임을 언급할 수밖에 없겠습니다. 도덕적(또는 법적) 경계를 그을 때는 경계선에 가까이 놓인 사례가 늘 있기 마련입니다. 이때 교회(또는 법원)는 그 사례가 어느 쪽에 놓였는지 판단해야 합니다. 교회가 너무 깐깐하게 구분한다는 비난은 부당합니다. 『탈무드』의 가르침이 지나치게 구체적이라는 이유로 조롱받는 것도 비슷한 맥락입니다. 이에 대해 저희는 이 사건이 바로 이런 세부적 구분에 달려 있음을 배심원단이 감안하기를 촉구합니다. 사실 이렇게 구분하는 것이야말로 배심원단의 존재 이유입니다. 그렇지 않다면 컴퓨터가 사건마다 형법을 적용하면 충분할 것입니다.

이 법정 의견서를 제출하도록 기회를 주신 법정에 감사드립니다.

이타주의자의 딜레마

〈NPR 토론〉
내셔널 퍼블릭 라디오
2013년 4월 20일(토)

청취자 여러분, 안녕하십니까. 여기는 청취자들이 참석하여 중요한 시사 문제를 토론하는 〈NPR 토론〉입니다. 저는 진행을 맡은 제프 샐러비입니다.

두 주 전에 저희는 이른바 폭주 전차 재판으로 불리는 '국민 대 대프니 존스' 사건에 대해 찬반 토론을 벌였습니다. 그런데 토론이 끝난 뒤에 이례적으로 청취자들의 편지가 쇄도했습니다. 상당수 편지의 내용은 재판에서 제기된 사안들에 여러 종교의 도덕 원칙을 적용하려는 시도였습니다. 특히 많은 청취자들은 "대접받고 싶은 대로 대접하라"라는 황금률을 적용하려고 했습니다. 물론 이렇게 말한 사람들은 기독교인이지만 유대교, 이슬람교, 힌두교, 유교, 불교, 바하이교에서도 자신들의 경전에 나오는 황금률을 적어 보냈습니다.

편지를 모조리 훑어보니 흥미로운 점이 눈에 띄었습니다. 어떤 사람들은 존스가 무죄라고 주장하면서, 자신이 만일 전차 선로를 바꾸려고 손잡이를 당기는 것 같은 선의의 행위를 했을 때 처벌받고 싶지 않다는 이유를 내세웠습니다. 또 어떤 사람들은 존스가 살린 다섯 명과 같은 대접을 받고 싶어서라고 말했습니다. 지선에 있던 무고한 남자와 같은 대접을 받고 싶지 않다며 존스가 유죄라고 주장한 사람들도 있었습니다.

따라서 존스가 유죄인지 무죄인지를 놓고 황금률을 적용하기는 애매해 보였습니다. 황금률을 적용하는 것이 덜 애매하도록 시나리오를 짜느라 〈NPR 토론〉 팀은 '내 안의 악마'를 불러내야 했습니다.

레너드, 시나리오 읽을 시간이에요!

제프, 고마워요. 이렇게 해봤습니다.

당신은 지금 지선의 선로에 묶여 있다. 통제 불능의 전차가 본선에 있는 다섯 명을 향해 질주한다. 몸을 뒤틀면 발로 손잡이를 당겨 전차의 방향을 지선으로 바꿀 수 있다. 당신은 죽겠지만 다섯 명을 구할 수 있다. 당신은 손잡이를 당기겠는가?

　오케이. 레너드, 고마워요. 음, 심장이 벌렁벌렁하는 사람 있나요? 제 심장은 벌렁벌렁하네요.

　자, 오늘 논의할 주제는 '이타주의는 언제나 좋은가?'입니다. 저희 시나리오에 맞춰 이 문제를 토론하실 분은 미네소타 주 로체스터에서 오신 마브 펠드먼과 조지아 주 애틀랜타에서 오신 스텔라 로텔리입니다. 펠드먼과 로텔리는 편지 내용을 기준으로 선정되었습니다. 토론이 끝난 뒤에 청취자들께 이번 토론이 실제 폭주 전차 재판에서 제기된 문제를 해결하는 데 실마리를 주었는지 물어볼 예정입니다.

　마브, 스텔라, 반갑습니다. 각자 5분간 자신의 주장을 펴시고요, 2분간 반론을 펼 기회를 드립니다. 마브 먼저 시작하시죠. 우리가 왜 항상 이타적으로 행동해야 하는지 말씀해주시기 바랍니다.

제프, 고마워요. 첫번째로 말씀드리고 싶은 것은 진행자께서 소개말에서 넌지시 언급하신 것입니다. 전 세계 주요 종교의 대다수가 '대접받고 싶은

왜 세상 모든 종교가 대접받고 싶은 대로 대접하라고 가르치겠어요?

대로 대접하라'라고 가르친다는 것은 이것이 좋은 규칙이라는 증거일 것입니다. 한 종교만이 이타주의를 중시한다면, 이타주의가 정말 고대의 지혜인지 아니면 비현실적 이상주의인지 의문이 들지도 모릅니다. 하지만 이타주의는, 전부는 아닐지라도 주요 종교 대부분이 공유하는 가치인 듯합니다. 이 종교들이 모조리 틀릴 가능성이 있을까요? 물론 그럴 수도 있겠죠. 하지만 저는 그렇게 생각하지 않습니다. 고대 사람들은 중요한 사실을, 우리가 이 세상을 살아가면서 서로 도와야 한다는 사실을 알고 있었던 것 같습니다. 현대인은 자기중심주의에 눈에 멀어 그 진리를 보지 못하는 것이고요.

　두번째로 말씀드리고 싶은 것은 제가 선로에 묶여 있다고 가정하는 새 시나리오가 현재 재판에서 다루고 있는 실제 사건과 매우 비슷하다는 것입니다. 유일한 차이점은 손잡이를 당기면 저 또한 그 대가를 치러야 한다는 것입니다. 저는

STOP

대프니 존스가 유죄가 아니라고 생각하는 사람입니다. 본선에 있는 다섯 사람을 살리기 위해서 손잡이를 당겨 쳇 팔리를 희생시킨 것은 옳은 일이라고 생각합니다. 하지만 만일 그렇다면 제가 그 계산에서 예외가 되어야 할 이유를 전혀 모르겠습니다. 제가 지선에 묶여 있고 손잡이를 건드릴 수 있다면, 하나를 죽여서 다섯을 구하는 법칙을 저에게 적용하지 않을 수 있는 도덕적 논증이 뭐가 있을까요? 그런 논증은 결코 없습니다. 자, 저 상황에서 제가 손잡이를 당길까요? 모르겠습니다. 하지만 손잡이를 당길 것인가라는 문제는 손잡이를 당겨야 하는가라는 문제와 다릅니다. 제가 예외가 되어야 할 이유를 전혀 모르겠습니다.

세번째로 말씀드리고 싶은 것은 구글에서 '이타주의altruism'를 검색해 알아낸 사실입니다. 프린스턴 대학의 철학자 이름이 거듭 등장했습니다. 그는 이타주의에 대해 유비를 만들어냈는데 제가 보기에는 꽤 설득력이 있더군요. 오늘의 질문 '이타주의는 언제나 좋은가?'와도 일맥상통했습니다.

제가 제대로 이해했는지 모르겠지만 나름대로 설명해보겠습니다. 그의 시나리오 중에 이런 것이 있습니다.

'출근하는 길에 조그만 웅덩이 옆을 지나게 된다. 어린아이가 웅덩이에서 노는 광경이 보인다. 수심은 몇십 센티미터밖에 안 되어 보인다. 그런데 가까이 다가갔더니 아이는 실은 아주 어린 꼬맹이이며 놀고 있는 게 아니라 허우적거리고 있다. 발 디딜 곳을 찾지 못해 물에 잠기기 직전이다. 부모를 찾으려고 주위를 둘러보지만 아무도 보이지 않는다. 물에 뛰어들어 아이를 구하는 것은 쉬운 일이다. 하지만 나는 300달러짜리 새 구두를 신었다. 물에 들어가면 구두가 상한다. 그렇다고 구두를 벗기에는 시간이 촉박하다.'

질문은 이것입니다. 뛰어들어야 하나, 말아야 하나? 그래요, 정답은 뻔합니다. 어린아이를 구하려고 물에 뛰어들지 않을 사람이 누가 있겠습니까?

이제 이 교수는—그의 이름은 피터 싱어입니다—다음 상황에 대해 생각해보라고 말합니다.

'깨끗한 식수만 있으면 예방할 수 있는 질병 때문에 제3세계에서 매일 수천 명의 아이들이 죽어간다. 옥스팸(옥스퍼드를 본부로 하여 1942년에 발족한 극빈자 구제 기관—옮긴이)에 300달러를 기부하면, 아이 여러 명에게 깨끗한 식수를 공급하는 데 큰 도움이 된다. 돈이 있다면 명품 구두 같은 사치품에 쓰지 말고 언제나 옥스팸에 기부해야 하는 것 아닌가?'

'명품 시계와 배고픈 아이'
어느 쪽을 선택할 것인가?
피터 싱어Peter Singer(1946~)

피터 싱어는 오스트레일리아의 공리주의 철학자로, 프린스턴 대학 교수다. 1975년에 출간된 『동물 해방』으로 가장 잘 알려졌을 것이다. 이 책에서 그는 제러미 벤담의 최대 다수의 최대 행복 원칙을 인간이 아닌 동물에게 확대하여 동물을 윤리적으로 대우해야 한다고 주장한다. 싱어는 육류 산업의 잔혹함에 반대하여 채식을 실천한다. 가죽옷도 입지 않는다.

싱어가 유명세를 얻은 또다른 이유는 필요 이상으로 가진 사람이 필요한 만큼 가지지 못한 사람에게 베풀어야 한다는 주장을 뒷받침하는 도발적 유비다. 싱어는 가난을 없애야 한다는 주장의 근거로 최대 다수의 최대 행복이라는 공리주의적 원칙을 든다.

싱어는 언제나 도발적이다. 논란을 일으키는 그의 여러 견해 중에는 운

동선수가 경기력 향상 약물을 복용할 수 있어야 한다는 것도 있다(약물이 피해를 입히지 않는 한). 그러지 않으면 유전적으로 재능을 타고난 선수가 부당하게 유리하다는 것이다.

벤담과 마찬가지로 싱어는 공공 정책에 직접 영향을 미치려 했으며 1996년 녹색당 후보로 오스트레일리아 상원 의원에 출마했다. 비록 낙선하고 말았지만, 2005년에는 『타임』이 선정한 전 세계에서 가장 영향력 있는 100인에 들기도 했다.

이런 상황은 어떻습니까?

'지하철 역에서 낯선 사람이, 내가 꿈꾸던 신형 플라스마 텔레비전을 살 수 있는 돈을 내민다. 내가 할 일은 거리를 떠도는 아이 한 명을 설득하여 이 수상한 남자의 차에 태우는 것이 전부다. 일전에, 인신매매범 일당이 길거리 아이들을 아이티의 '의료' 시설에 팔았다는 신문 기사를 읽었다. 아이를 죽여 장기를 꺼내서는 부유한 미국인에게 판매한다는 얘기였다.'

메이프스 박사 사건과 비슷하지 않습니까?

양심에 거리낌 없이 그 돈을 받아 텔레비전을 살 수 있는 사람이 얼마나 될까요? 물론 우리 중에는 아무도 없을 겁니다. 공교롭게도 여느 중산층 미국인과 마찬가지로 저도 집에 플라스마 텔레비전이 있습니다. 싱어는 길거리 아이들에게 생활 필수품을 공급하는 자선단체에 돈을 기부하지 않고 사치품을 사는 것이 아이를 인신매매범에게 넘기는 것과 본질적으로 같다고 말합니다.

이제 이타주의에 대한 제 견해를 말씀드리겠습니다. 누구나 조금은 이타심을 갖고 있습니다. 누구나 상황에 따라 조금은 자신을 희생할 겁니다. 이타주의는 어느 정도는 보편적 가치인 것처럼 보입니다. 하지만 가슴에 손을 얹고 생각해봅시다. 우리는 자신이 죽게 생겼는데도 다섯 명을 구하기 위해 손잡이를 당겨야 하는 비슷한 상황에서도 이와 마찬가지로 이타적이어야 한다는 사실을 알고 있습니다. 그럼에도 우리가 모든 상황에서 그만큼의 이타심을 발휘하지 않는 것은, 무엇이 옳은지 알면서도 무의식적으로 또는 일부러 그런 생각을 억누르기 때문임을 잘 알고 있습니다. 외면하고 싶을지도 모르지만, 우리에게는 어려움에 처한 사람을 도와야 할 도덕적 의무가 있습니다.

고맙습니다.

좋아요, 마브. 훌륭했어요. 매우 설득력 있게 들립니다. 스텔라, 언제나 이타적일 필요는 없다고 주장해야 하는 난처한 처지신데요, 어떤 논리를 펴실 건가요?

제프, 조건 없는 이타주의에 반론을 펴자니 악마의 변호인(토론에서 일부러 반대 입장을 취하는 사람—옮긴이)이 된 것 같네요. 하지만 제 입장에서는 충분한 근거가 있다고 생각해요. 악마가 되지 않더라도요.

대학 다닐 때 철학 수업을 몇 개 들었는데, 이 질문에 대해 생각할 때면 늘 떠오르는 인물은 프리드리히 니체였어요. 니체는 황금률이 겁쟁이 문화를 낳았다고 생각했지요. 사람들을, 자신을 희생하는 '좋은' 사람과 자신을 위해 사는 '나쁜' 사람으로 구분하는 것은 사기라고 생각했지요. 그중에서도 기독교가 주범이라고 여겼죠. 니체는 우리가 고대의 귀족적 덕목을, 그러니까 힘과 고귀함과 자기 긍정 같은 덕목을 잃었다고 말했어요. 사실 이런 덕목을 뒤집었다고 했죠.

약자는 강자에게 지배당하고 싶지 않지만 맞붙어서 이길 도리가 없으니, 원한에 사로잡혀 강자에겐 '악'이라는 이름표를 붙이고 자신에겐 '선'이라는 이름표를 붙여요. 말하자면 선과 악은 패배자가 정의했다는 거예요. 우리는 기독교의 영향을 받아서, 누가 한쪽 뺨을 때리면 다른 뺨도 돌려 대는 것을 선하다고 생각해요. 하지만 니체는 우리가 다른 뺨을 돌려 대는 이유는 상대의 뺨을 올려붙일 만큼 강하지 못하기 때문이고, 강자에게 '악'이라는 이름표를 붙여 복수하는 것밖에 도리가 없다고 여긴다고 말하죠. 니체는 '자연적' 가치란 선과 악으로 나뉘는 것이 아니라, 건강한 가치와

병약한 가치로 나뉜다고 말해요. 강자는 힘을 휘두르는 것에 대해 죄책감을 느껴서는 안 돼요. 무리의 우두머리라는 마땅한 자리를 차지해야 해요. 강하지 않은 자는 징징거리거나, 자기가 다른 뺨을 돌려 댄다는 이유로 자신이 도덕적이거나 우월하다고 여겨서는 안 돼요. 제 힘으로 싸우든가 강자의 권위를 달게 받아들여야 해요.

티 파티(미국의 보수 단체─옮긴이)나 아인 랜드(이기주의와 재능을 찬양한 소설가─옮긴이) 등등을 연상할 수도 있겠지만, 그렇게까지 나가고 싶진 않아요. 저는, 아무 잘못도 없는데 불우한 사람들에게 사회가 더 도움을 베풀어야 할 것 같아요. 가난한 집안에 태어난 사람이나 나이들었거나 허약하거나 정신병이 있는 사람들 말이에요. 그리고 니체의 철학을 나치가 악용했다는 것도 알아요. 그럼에도 니체의 말에는 일말의 진리가 있다고 생각해요.

우습게 들리겠지만 티 파티보다는 〈오프라 윈프리 쇼〉나 〈닥터 필〉 같은 토크쇼에 가까운 것 같네요. 예, 알아요, 하

> **약자는 징징거리지 말고 제 힘으로 싸우든가, 강자의 권위를 받아들여야 하지 않나요?**

프리드리히 니체는 프로이센의 작센 지방에서 태어났다. 아버지는 루터
파 목사였다. 니체는 1864년에 본 대학에서 신학과 고전문헌학을 공부하
기 시작했으나 첫 학기에 신앙을 잃고 신학 공부를 중단했다. 훗날 신의
죽음을 선언하고 기독교 윤리학을 가차없이 비판한 것으로 유명하다.

니체는, 진정으로 고귀한 사람은 약자에 대한 연민이 아니라 이른바 '권
력의지'와 삶에 대한 긍정을 행동의 동기로 삼는다고 주장했다. 기독교가
고대의 귀족적 가치를 뒤집어 알렉산드로스 대왕의 타고난 자기 긍정과
자부심을 기독교 성인의 건강하지 않은 자기 비하로 대체했다고 생각했다.
나치는 삶을 긍정하는 귀족이라는 '초인'의 개념을 왜곡하여 아리아인의
우수성을 주장하는 이데올로기로 둔갑시켰으며, 이 때문에 제2차 세계대

전 이후 니체의 인기는 하락했다. 그럼에도 니체는 20세기 실존주의자들과 미셸 푸코나 자크 데리다 같은 최근의 대륙 사상가에게 커다란 영향을 미쳤다. 흥미롭게도 마르틴 부버 등의 유대교 철학자와 파울 틸리히 등의 기독교 신학자를 비롯한 종교 사상가도 니체의 철학에 영향을 받았다.

하, 그래도 끝까지 들어주세요. 남의 밑씻개가 되지 않는 건 —특히 우리 같은 여자에게—중요하다고 생각해요. 우리는 너무나 오랜 세월 동안 다른 뺨을 돌려 댔어요. 니체의 말이 맞아요. 그건 '좋은' 게 아니었어요. 오히려 건강하지 않은 거였죠! 우리에게도, 우리의 딸에게도 건강하지 않다고요.

그렇다면 이게 선로에 묶인 사람과는 어떤 상관이 있을까요? 손잡이를 당겨서 전차가 자신을 치게 하는 건, 안 그러면 다섯 명이 죽더라도 자연적이지 않고 건강하지 않은 일이라고 말하고 싶어요. 전차가 저 말고 생판 모르는 사람을 치게 되더라도 마찬가지예요. 참, 전차가 우리 아이나 남편이나 엄마나 심지어 이웃을 치게 하지도 않을 거예요. 그건 자연적이지 않은 것 같아요. 저는 가족과 친구에게 강한 유대감을 느끼기 때문에, 낯선 사람 다섯 명을 구하려고 이들을 희생시키는 것은 건강하지 않게 느껴져요.

좋아요, 스텔라. 잘 들었습니다. 자기 긍정을 설득력 있게 변호하셨군요. 자, 그럼 마브, 2분 동안 반박할 기회를 드리겠습니다.

스텔라가 요점을 잘 짚었지만, 잘 나가다가 삼천포로 빠진 듯합니다. 인간의 오랜 본성인 이기심을 자연적인 것이나 자기 긍정으로 둔갑시켜 정당화하는 것은 식은 죽 먹기일 겁니다. 황금률을 따르지 않고 황금 낙하산(손쉬운 탈출구를 뜻하는 관용 표현─옮긴이)을 내밀겠다는 식이죠. 많은 분들은 직장 상사가 있으실 겁니다. 상사는 직원 위에 군림하면서 자신이 자연적으로 주어진 권리를 행사한다고 생각하죠. 그래요, 자연적인 것 맞습니다. 그런데 대체 언제부터 자연적으로 주어진 것이 우리가 추구해야 하는 기준이 되었습니까? 왜 추구해야 하죠? 자연적인데! 스스로 기준을 세우겠다면, 자연적 성향을 따르는 것보다는 높은 기준이어야 하지 않겠습니까? 자연적 성향을 따르는 것은 동물도 합니다. 우리가 동물과 다른 점은 더 높은 기준을 추구한다는 것입니다.

스텔라?

좋은 지적이에요, 마브. 하지만 이 이타주의 논쟁에서는 어딘가에 선을 그어야 해요. 오늘 토론을 준비하면서 (정치인들 말마따나) '뒷조사'를 좀 했어요. 싱어 교수에 대해서도 알아봤답니다. 뉴욕 타임스를 보니까 싱어 교수는 수입의 20퍼센트를 기아 대책 기구에 기부한다고 해요. 십일조의 두 배죠. 매우 인상적이에요. 하지만 왜 20퍼센트에서 그치는 거죠? 프린스턴 대학 교수들이 얼마나 버는지는 모르겠지만, 생활 필수품이 부족한 사람들을 위해 자신에게 꼭 필요하지 않은 것을 모두 포기한다면 수입의 80퍼센트 이상도 기부할 수 있을 것 같은데요. 20퍼센트만 기부하는 이유가 무엇이든, 그것은 전차 방향을 내게로 돌리지 않겠다는 결정을 뒷받침하는 근거가 돼요. 상황에 따라서는 기꺼이 이타적으로 행동하겠지만 제 목숨을 대가로 내걸 순 없어요.

마브와 스텔라, 훌륭한 토론이었습니다. 청취자 여러분, 지금까지 이타주의를 극대화해야 한다는 논증과 이타주의에 한계를 두어야 한다는 논증을 들으셨습니다. 이제 청취자 의견을 받도록 하겠습니다. 특히 오늘의 토론을 들으면서 실제 전차 재판에 대한 생각이 달라지신 분의 의견을 듣고 싶습니다.

노스다코타 주 파고에 사는 에런 프로비셔가 전화 연결되어 있습니다. 에런?

저는 마브가 옳다고 생각합니다. 마브의 말대로, 손잡이
를 당기는 사람과 선로 위에 있는 사람이 동일한 시나리오
는 대프니 존스가 처한 상황과 매우 비슷합니다. 하지만 제
가 내린 결론은 정반대입니다. 마브는 대프니 존스의 행동
을 인정하면 자신도 똑같이 행동해야 할 의무가 생긴다고
말합니다.

하지만 이 유비를 다르게 해석할 수도 있습니다. 전차가
나를 치게 하지 않겠다면 대프니 존스의 행동을 인정해서는
안 된다고 말이죠. 황금률이 쓸모 있는 건 이런 경우입니다.
제가 스스로에게 하지 않을 행동이라면 쳇 팔리에게도 해서
는 안 되는 것이죠. 솔직히 말씀드리자면, 저는 전차가 저를
치도록 하지 않을 것입니다. 그 점에서는 스텔라와 같은 의
견입니다. 따라서 쳇 팔리에게도 그렇게 하지 않을 것입니
다. 다른 사람이 그렇게 하도록 허락하지도 않을 것입니다.
그러므로 대프니 존스가 유죄라고 생각합니다.

흠, 매우 도발적인 견해군요. 황금률이라는 원칙을 가지

고 두 가지 전혀 상반되는 결론을 내릴 수 있다는 게 흥미롭습니다. 하지만 매우 똑똑한 청취자가 있다는 사실은 진작부터 알고 있었습니다. 에런, 고마워요.

전화통에 불이 나네요. 애리조나 주 템피에 사는 앨리슨 부드로와 전화 연결되었습니다. 앨리슨, 어떻게 생각하세요?

우선 방금 전화하신 분 말씀에 이의를 제기하고 싶어요. 아무도 대프니 존스에게 손잡이를 당길 의무가 있다고 말하지 않아요. 손잡이를 당기는 것은 괜찮은 일이에요. 그녀가 유죄라고 생각하지 않아요. 하지만 손잡이를 당기는 것이 의무라고는 보지 않아요. 손잡이를 당기지 않았더라도 윤리적 과실로 유죄가 되지는 않을 거예요. 마브가 손잡이를 당겨 자신을 희생하는 건 좋다고 생각하지만, 그래야 할 의무가 있다고 믿지는 않아요. 그러니까 전화 거신 분이 자기 쪽으로 전차 방향을 돌릴 의무를 느끼지 못한다고 해서 챗 팔리 쪽으로 전차 방향을 돌린 대프니 존스를 비난해야 한다는 건 논리적이지 않다고 생각해요. 이 상황은 행동해도 좋고 안 해도 좋지만 그럴 의무는 없는 상황이니까요.

좋습니다. 앨리슨, 고마워요. 행위가 요구되지 않고도 허용될 수 있다는 말씀이군요. 배심원단이 대프니 존스 재판에서 이 점에 유의하면 좋겠습니다.

텍사스 주 댈러스에 사는 세라 월터스에게서 전화가 와 있습니다. 세라?

남녀가 서로 다른 윤리적 결정을 내린다는 연구 결과를 읽은 적이 있어요. 여자는 도덕적 딜레마에 맞닥뜨렸을 때 여기에 어떤 인간관계가 결부되어 있는지를 먼저 따진대요. 이 방법 말고 저 방법을 선택했을 때, 저 방법 말고 이 방법을 선택했을 때 인간관계에 어떤 영향이 미치는지 고민한다는 거죠. 그런데 남자는 같은 딜레마를 추상적 사안으로 바라본다고 하네요. 무엇이 정의로운가? 무엇이 공평한가? 누구의 권리가 침해되었는가? 이런 식으로요.

마브와 스텔라의 얘기를 들으면서, 두 사람이 서로 다른 결론에 도달한 것은 문제를 서로 다른 측면에서 바라보았기 때문이라는 생각이 들었어요.

> **남자가 무엇이 공평한가 생각하는 반면 여자는 그 사람이 나와 어떤 관계인지 본다는 거예요.**

마브는 대체로 자신이 전차에 치일 의향이 없으면 전차가 쳇 팔리를 치도록 하는 것이 부당하다고 생각했어요. (마브는 다섯 명을 죽게 내버려두는 것과 손잡이를 당겨서 전차가 친척이나 친구나 자녀를 치도록 하는 것 중에 하나를 선택해야 할 경우에 어떻게 할 것인지 말하지 않았어요. 자신이 아니라 자신과 가까운 사람이 선로 위에 있었다면 틀림없이 다르게 판단했을 거예요.) 하지만 선로에 누가 있는지, 그가 나와 어떤 관계인지—그리고 내 행동에 따라 그 관계가 어떻게 달라질지—에 대해서는 별 관심이 없었어요.

하지만 스텔라에게서 눈에 띄는 점은 지선에 누가 있는지, 그 사람이 자신과 어떤 관계인지를 매우 중요시한다는 거예요. 자녀, 남편, 엄마, 이웃 생각이 순간적으로 떠올랐잖아요. 물론 자기 자신에 대해서도요.

두 사람이 실제로 그렇게 전혀 다른 행동을 했을지는 잘 모르겠어요. 마브는 실제 상황에서 정말로 자신을 희생할지 확신하지 못하겠다고 말하기까지 했으니까요. 하지만 여기서 요점은 여자는 남자에 비해 문제를 추상적 도덕성의 사안으로 바라보려는 생각을 덜 한다는 거예요. 남자는 문제를 (구성 요소를 넣고 뺄 수 있는) 일종의 수학 문제로 보려는 반면에 여자는 (실제 사람들이 상호작용하는) 이야기로 보려는 것인지도 모르겠어요.

와, 흥미롭고 사색적인 관점이 또 있군요. 세라는 1980년대에 캐럴 길리건의 책을 읽어보신 것 같아요. 『다른 목소리로』는 청소년기 여자아이들을 연구하여 이들이 남자아이들과 매우 다른 관점에서 윤리적 문제를 바라본다는 사실을 밝혀냈습니다.

오늘도 청취자 여러분과 즐거운 시간을 보냈습니다. 토론과 의견에 감사드립니다. 늘 그렇듯 참여자들의 의견은 사려 깊고 명료했습니다.

'정부가 위험한 개인 행동을 규제해야 하는가?'라는 주제로 열리는 다음주 토론에도 많은 청취 기대합니다. 안전띠에서 가당 음료에 이르기까지 모든 것에 대한 규제를 살펴보겠습니다. 지금까지 〈NPR 토론〉의 제프 샐러비였습니다. 그동안 청취자 여러분도 함께 고민해보시죠!

교수들의 토론

교수 휴게실
런던 대학교 대학원
2013년 4월 22일(월)

참석자: 나이절 스트레이스웨이트(영국사 교수), 리즈 윌킨
슨(응용수학 교수), 시어도어 페인(공학 교수), 앨리스터 폭스(철
학 교수), 아비오둔 은제오구(정치철학 교수).

　나이절: 미국에서 벌어지고 있는 이번 재판 지켜보고 있
는 사람 있어? 전차에 치인 남자 말이야.

　리즈: 나. 흥미롭던데. 피고인은 전차 방향을 바꿔서 다섯
명의 목숨을 구했지만, 한 사람의 목숨을 희생시켰다는 이
유로 법정에 섰지. 목숨을 구한 다섯 명이 모두 여자이고 검

사가 이들의 목숨을 남자 하나의 목숨보다 하찮게 여겼다고 해도 전혀 놀랍지 않을걸.

테드: 그게 뭐가 문제 있어, 리즈?

리즈: 그거야 남자가 얼마나 매력적인가에 따라 다르지.

나이절: 처칠이 전쟁중에 내린 결정이 떠오르는군. 역사 수업시간에 학생들에게 영국 공습 이야기를 읽힌 적이 있어. 그러다 잊고 있던 사실이 생각났지. 나치의 V1 로켓은 처음에는 목표에 못 미쳐 도심에서 3킬로미터 남쪽의 런던 동남부에 떨어졌어. 처칠 내각의 고위 간부들은 이중 간첩을 이용해서 로켓이 런던 북서쪽에 떨어졌다고 독일을 속이자는 계획을 내놓았지. 독일인들이 오차를 보정한답시고 더 남동쪽으로 로켓을 발사하면 사망자가 줄어들 것이라는 논리였어.

물론 이 아이디어에는 문제가 있었어. 엉뚱한 사람들, 이전에는 전혀 위험하지 않던 사람들이 공격받게 생긴 거야. 고위 간부들은 이 계획의 비도덕성 때문에 괴로웠지. 내무장관 허버트 모리슨은 그 제안을 완강하게 반대했어. 하지만 처칠이 고집을 꺾지 않았지. 얼마나 다행인지 모르겠어. 로켓 공격으로 6000명이 죽었는데, 처칠이 반대에 굴복했다면 얼마나 더 많은 사람이 죽었을지는 신만이 아시겠지.

리즈: 그건 대프니 존스가 내린 결정과 매우 비슷하게 들려. 다섯을 구하고 하나를 잃다. 처칠에게 런던 동남부 주민을 죽이려는 의도가 없었듯 대프니 존스에게도 지선의 불쌍한 친구를 죽이려는 의도는 없었어. 몇 년 전에 선로에 있는 사람들을 구하려고 어떤 사람을 폭주 전차 앞에 떠민 멍청한 미국인과 달리 전차를 멈추려고 그의 죽음을 이용하지는 않았거든.

나이절: 내 말이 그 말이야.

리즈: 그런데 말이지 미국에서 유독 폭주 전차 문제가 터지는 게 신기하지 않아? 영국에서 전차가 폭주했다는 얘긴 한 번도 못 들어봤는데.

테드: 그게 내 공대 학생들의 주요 관심사야. 통계상으로 미국은 전차 사망 사고가 짐바브웨보다 많이 일어나. 내 수

업 듣는 학생들은 그 문제를 해결하고 싶어해.

토론 시간에 한 학생이 흥미로운 아이디어를 내놓았어. 해결책이라고 하긴 힘들지만, 이 사안의 도덕적 측면을 이해하는 데 실마리를 주었지. 지선이 일직선으로 나 있는 게 아니라 곡선을 이루어 본선과 합류하고 본선의 다섯 명이 더 멀리 떨어져 있다면 대프니 존스의 행위를 어떻게 생각해야 할지 의문을 제기한 거야.

나이절: 그래?

테드: 여기, 그림으로 그려주지.

이 시나리오에서는 지선에 있는 남자의 시신 때문에—이 이 친구가 적어도 127킬로그램은 나간다는 가정하에—전차가 다섯 명을 치기 전에 멈춘다는 거야. 학생은 그래도 대프니가 손잡이를 당겼어야 한다고 말했어. 이 경우에는—이 남

자, 이름이 뭐더라, 그래 팔리였지─팔리를 죽이려고 의도했겠지만 말이야. 실제 사건에서 대프니 존스는 본선과 만나지 않고 곧게 뻗은 지선으로 전차의 방향을 틀었어. 그러니까 팔리가 제시간에 빠져나오기를 바랐다고 생각할 수 있지. 불가능하다는 게 분명하기는 했지만. 어쨌든 전차가 남자를 친 것은 다섯 명을 구하는 행위의 (의도하지 않은) 결과였을 뿐이야. 이에 반해 굽은 선로 시나리오에서 존스는 남자가 선로에서 빠져나오지 못하기를 바라야 해. 전차가 남자를 치는 게 필요하다고. 존스는 다섯 명을 구하려고 남자의 죽음을 이용한 것이고. 학생은 그럼에도 자신은 손잡이를 당길 거라고 말했어.

리즈: 학생에게 뭐라고 했어?

테드: 공학은 최고 점수를 받을지 몰라도 윤리학은 낙제라고 해줬지. 학생에게 뚱보를 다리에서 떠밀었겠느냐고 물었어. 아니라더군. 이유를 물었더니 굽은 선로 시나리오에는 이미 실질적 위험이 있었다고 대답하더라고. 어차피 누군가를 치어 죽이게 되어 있었다는 거야. 존스의 사례와 마찬가지로, 손잡이를 당기는 것은 그 위험을 다섯 명에게서

한 명에게로 옮길 뿐이야. 하지만 육교 위에서 뚱보를 떠민 사람은 단순히 전차가 누군가를 깔아뭉갤 위험의 방향만을 바꾼 게 아니야. 아주 새로운 위험, 그러니까 육교 위의 뚱보가 된다는 위험을 창조한 거라고.

나이절: 흠, 너무 추상적인걸. 남자는 어차피 죽었어. 전차 앞으로 떠밀어서 죽이든, 전차가 그를 치게 해서 죽이든 무슨 차이가 있지?

테드: 음, 그렇게 본다 이거지? 하지만 대프니 존스 사건과 뚱보를 육교 위에서 떠미는 사건을 놓고도 똑같이 물을 수 있다고. 어차피 죽을 거면 어떻게 죽든 무슨 상관이겠어? 하지만 손잡이를 당기는 것과 남자를 떠미는 것 사이에는 큰 차이가 있다고 생각해. 학생은 다른 곳에 선을 그었을 뿐이야. 중요한 것은 존스의 의도가 아니라 단지 위험의 방향을 바꾸었는가, 새로운 위험을 창조했는가의 여부라면서 말이야.

리즈: 흠…… 생각이 달라졌어. 그 학생에게 부분적으로 동의하지만, 나라면 선을 다른 곳에 긋겠어. 대프니 존스 사

건과 굽은 선로 사건 둘 다 뚱보를 육교 위에서 떠미는 것과 다르다는 건 맞아. 전차를 곧은 지선으로 트는 것과 굽은 지선으로 트는 것 둘 다 도덕적으로 허용되는 반면에 뚱보를 육교 위에서 떠미는 것은 도덕적으로 잘못이라는 것에도 동의해. 하지만 그게 위험의 방향을 바꾸는 것과 위험을 창조하는 것의 차이와 상관이 있다고는 생각지 않아. 뚱보를 육교 위에서 떠미는 게 잘못인 이유는 직접적 무력을 동원했기 때문이라고 생각해. 내 얘기 들어봐. 그 남자를 떠밀지 않아도 된다면, 그러니까 예를 들면 남자가 트랩도어(아래로 내려갈 수 있도록 바닥에 설치한 문—옮긴이) 위에 서 있어서 버튼만 누르면 문이 열려 남자가 선로 위로 떨어진다면 어떻게 할 거야? 나라면 버튼을 누르겠어.

앨리스터: 맙소사, 난 못해! 손잡이를 당기는 건 괜찮지만 남자를 육교 위에서 떠미는 건 안 괜찮은 미묘한 차이를 생각해내려고 용들 쓰시는군. 나이절, 자네는 대프니 존스에게 팔리를 죽이려는 의도가 없었고 존스가 다섯 명의 목숨을 구하려고 팔리의 죽음을 수단으로 쓰지 않았다는 점이 관건이라고 생각하는군. 테드, 자네 학생은 이미 존재하는 위험의 방

향을 트는 것과 새로운 위험을 창조하는 것의 차이가 중요하다고 생각해. 리즈, 당신은 직접적 무력을 쓰는 게 문제라고 생각하지. 자네들 모두 문제를 너무 복잡하게 만들고 있어.

리즈: 그게 무슨 소리지?

앨리스터: 대프니 존스가 무죄라는 주장과 뚱보를 떠민 사람이 유죄라는 주장의 근거는 둘 다 최대 다수의 최대 행복이라는 제러미 벤담의 오래된 원칙이다, 끝. 이번 재판에서는 검사가 잘못했어. 벤담의 공리주의 원칙은 건강한 사람의 필수 장기를 적출하거나 사람을 전차 앞에 떠미는 행위가 허용된다고 말하지 않아. 왜 그럴까? 뚱보를 떠민 사람은 실제로는 최대 다수의 최대 행복을 가져오지 않았기 때문이지.

리즈: 무슨 말인지 못 알아듣겠어.

앨리스터: 그의 행위를 진공 상태에서 바라보면 안 돼. 그는 최대 다수의 최대 행복을 실현하기 위해 따라야만 하는 규칙을 어겼어. '만인을 겁주지 말라'라는 규칙 말이야. 뚱보를

육교 위에서 떠민 남자를 본받아서, 사람들이 더 많은 목숨을 구할 수 있을 때마다 누군가를 죽인다면—재판에서 언급된 신장 경찰처럼 말이지—사회가 혼란과 공포에 휩싸일 거라고.

반면에 많은 사람이 대프니 존스처럼 행동하고 사회가 그런 행동을 높이 평가하는 것은 그런 행동으로는 개인적 안전이 위협받는다고 여기지 않기 때문이야. 우리는 희생자 수를 줄이기 위해 인구 밀집 지역에서 멀리 떨어진 곳에 동체 착륙을 시도하는 항공기 조종사에게 박수를 보내지. 물론 대프니 존스와 달리 조종사는 아무 조치도 취하지 않는 선택을 할 수 없어. 하지만 대중은 그 점에 주목하지 않는 것 같아. 존스의 행위는 대다수 사람들을 겁먹게 하지 않았어. 검찰측이 겁을 주기로 마음먹기 전까지는 말이야. 그런데 뚱보를 육교 위에서 떠미는 행위는 사람들을 겁에 질리게 했어.

다섯 명의 목숨과 한 명의 목숨을 단순히 비교하면, 사람을 전차 앞에 떠밀거나 건강한 사람에게서 필수 장기를 적출하는 행위를 벤담이 승인할 거라고 생각할 수도 있겠지. 그래서 검사가 벤담에 반대하는 논리를 편 것이고. 하지만 벤담이라면 사건을 더 폭넓은 관점에서 보았을 거야. 겁에 질린 대중의 고통이 목숨을 구한 다섯 명의 쾌락보다 크다고 생각했을 거라고.

아비오둔: 제3세계적 관점을 살짝 덧붙이자면, 자네들 얘기 다 들었는데 다들 대프니 존스를 구해주고 싶어하는 것 같군. 근데 난 그게 정답인지 잘 모르겠어. 존스가 신처럼 행동한 것은 사실이잖아. 신처럼 행동하겠다면 자신이 신처럼 공정하다는 걸 확실히 해야 하지 않을까? 그나저나 지선에 있던 남자는 어떤 사람이었을까? 만약 그가 실은 청소부 러트렐 페이턴이 아니라 요트를 가진 억만장자 채닝 엘스워스 3세라고 한다면 미국인들이 어떻게 반응했을지 궁금해. 대다수 미국인은 가난한 소수민족 남자보다 부유한 백인 남자의 목숨을 더 소중하게 여길까? 솔직히 말하자면 내가 러트렐을 더 구하고 싶어하지 않는다고 확신은 못하겠어. 그래선 안 된다는 걸 알지만, 내가 어떻게 행동할지는 모르겠다고.

나이절: 아비오둔, 방금 그 말은 대화 종결자였어.

아비오둔: 나도 알아. 지금 수업 들어가야 하는데 토론을 한마디도 놓치고 싶지 않았거든!

재판장의 설명

배심에 대한 설명
할런 트루워디 판사
여론법정
2013년 4월 22일(월)

신사 숙녀 배심원 여러분, 지금까지 '국민 대 대프니 존스' 사건에서 검찰측과 피고인측의 증거 제시를 청취했습니다. 진실의 순간이 왔습니다. 이제 평의하고 평결을 내릴 시간입니다. 여러분은 체스터 '쳇' 팔리의 사망에 대한 2급 살인 혐의에 대해 대프니 존스를 유죄로 판단하거나 무죄로 판단해야 합니다.

양측은 주로 다양한 유비의 장단점에 대해 변론을 전개했습니다. 본 사건을 결정할 때 어떤 방법을 선택해도 무방하지만, 이 유비들을 검증하고 유비의 목표가 달성되었는지 판단하기를 바랍니다. 윤리적 관점에서 볼 때 손잡이를 당기는 것은 전차 앞에 사람을 떠밀거나 필수 장기를 적출하는 것과 본질적으로 같을까요?

하지만 이 유비들이 '작동'하는지를 판단하는 것이 전부가 아닙니다. 이를테면 손잡이를 당기는 것이 누군가를 육교 위에서 떠미는 것과 본질적으

> **윤리적 관점에서 볼 때 손잡이를 당기는 것은 전차 앞에 사람을 떠미는 것과 같을까요?**

로 같다고 판단한다면, 둘 다 유죄거나 둘 다 무죄라고 결론 내릴 수 있을까요? 마찬가지로 손잡이를 당기는 것이 누군가를 전차 앞에 떠미는 것과 윤리적으로 같지 않다고 결론 내리더라도, 그 결론만으로는 가해자가 유죄인지 무죄인지 판단할 수 없습니다.

따라서 여러분은 매우 복잡한 결정을 내려야 합니다. 여론법정에서는, 원한다면 타로 카드를 읽거나 다트를 던져서 결정하셔도 됩니다. 여러분의 견해가 사소하다는 게 아니라, 말하자면 그렇다는 겁니다. 여러분 중에서 이 사건을 타로 카드로 결정하는 사람은 거의 없겠지만 상당수는 이렇게 말하고 싶을 겁니다. "그냥 내 의견이 옳다고 느껴져. 무엇도 나를 설득할 수 없어"라고요. 결국 윤리적 결정을 내릴

때는 옳고 그름에 대한 자신의 느낌을 신뢰해야 하니까요. 법정은 이 문제에 대해 왈가왈부하지 않습니다. 하지만 두 번째 문장 '무엇도 나를 설득할 수 없어'에 너무 안주하지는 않으셨으면 합니다. 어젯밤에 옳다고 느껴지던 것이 오늘 아침에는 잘못으로 느껴지기도 한다는 것은 다들 아시는 바입니다. 그래서 적어도 본 사건에서 제기되는 여러 변론을 진지하게 받아들이고 자신의 도덕적 직관을 논리로 뒷받침하려고 최대한 노력하시기를 촉구합니다.

이로써 본 사건을 배심원 평의에 회부합니다.

배심원단의 결정

여론법정
평의실 제4호
2013년 4월 22일(월)

다들 안녕하세요. 저는 배심원 대표 세레나 에르난데스입니다. 우리는 공론장에서 모든 부배심원들의 의견을 취합했으며 여러분에게 검토할 시간을 충분히 드렸습니다. 그러니 바로 본론으로 들어갑시다. 부배심원들이 본 사건을 현재 어떻게 바라보는지 말씀해주실 분 있나요? 그렇다고 해서 다른 사람 이야기를 들은 뒤에 생각을 바꾸지 못한다는 말은 아닙니다. 어쨌든 누군가 말문을 열어줘야 하니까요. 자, 누구 안 계세요? 말씀하실 때는 자기소개를 먼저 부탁드립니다.

예, 저부터 하죠. 제 이름은 모린이에요. 보건복지부에서 보건 정책 분석관으로 일하고 있어요. 저희가 진료비 급여 항목과 비급여 항목을 결정할 때마다 일부 사람들은 달갑지 않은 결과를 맞게 돼요. 건강보험개혁법(오바마케어) 논쟁의 양측 다 이 점에 대해 완전히 솔직하지는 않았어요.

물론 이 법에는 '사망선고위원회death panel'(건강보험개혁법을 비꼰 표현—옮긴이) 같은 건 없어요. 하지만 최선의 의료 관행이 무엇인지, 어떻게 이를 유도할 것인지 의회에 정책 조언을 제공하는 자문위원회는 있죠. 소수의 생명을 고작 며칠 연장하는 데 의료보험 재정 수십억 달러가 든다는 이유로 어떤 치료법이 최선의 의료 관행이 아니라고 조언한다고 가정해보세요. 자문위원회의 논리는 그 돈을 수천 명의 질병을 예방하는 데 쓰는 게 비용 면에서 훨씬 효율적이라는 거예요. 의회가 조언을 받아들이는 것은 옳은 방향이지만 일부에게는 달갑지 않은 결과일 거예요.

좋은 결과가 나쁜 결과보다 큰 게 확실하다면 오케이예요! 그게 정책 결정의 역할이에요. 한정된 재원을 효율적으로 배분하여 최선의 결과를 내는 거죠. 돈이 무한정 있다면야 모든 환자와 가족이 바라는 대로 해줄 수 있겠죠. 하지만 그렇지 못한 게 현실이에요. 재원은 결코 무한하지 않아요.

대프니 존스에게도 선택지가 무한하지 않았어요. 존스가 원더우먼이었다면 모든 사람을 무사히 구할 방법이 있었을 거예요. 전차를 들어올리거나 선로를 옮기거나, 아니면 만화책에 나오는 오만 가지 방법을 쓸 수도 있었겠죠. 하지만 존스가 선택할 수 있는 방법은 둘뿐이었어요. 그중에서 최선의 결과를 낳는 방법을 선택한 것이고요. 물론 쳇 팔리에게는 매우 유감스러운 결과를 낳았지만요. 존스에게 유죄 평결을 내려서는 안 돼요.

모린, 고마워요. 예, 모린 옆의 남자분.

안녕하십니까. 저는 스티브이고, 육군 대위입니다. 사관학교에 다닐 때, 고의로 민간인을 죽이는 것과 군사 목표물을 공격하다가 우연히 민간인의 사망을 유발하는 것의 차이에 대해 교육을 많이 받았습니다. 알카에다는 고의로 민간인을 공격하기 때문에 테러리스트라고 불려 마땅합니다. 그들이 세계무역센터를 파괴한 것은 군사 목표물이기 때문이 아니었습니다. 무고한 민간인을 대량으로 죽일 수 있는 목표물을 선택한 것일 뿐입니다.

미국이 적병을 살해하려고 아프가니스탄에서 파키스탄 전역에 날려 보내는 무인 항공기(드론)가 이따금 무고한 민간인을 죽이기도 하지만, 그것은 저희가 의도한 바가 아닙니다. 옳고도 마땅한 의무, 즉 적들로부터 우리나라를 지키는 의무를 수행하다 생긴 원치 않은 결과인 것입니다. '부수적 피해 collateral damage'(의도하지 않은 민간인 사망을 일컫는 군사 용어—옮긴이)가 생길 가능성을 충분히 예견할 수 있을 때도 있지만, 이를 바라지는 않았다는 말입니다.

이렇게 생각해봅시다. 무인 항공기 공격에서 민간인이 한 명도 죽지 않으면 저희는 기쁠 것입니다. 공격 전에 민간인을 대피시키거나 민간인이 없는 시기를 선택할 방법이 하나라도 있으면 저희는 그 방법을 쓸 것입니다. 이에 반해 세계무역센터를 공격한 알카에다는 최대한 많은 민간인을 죽일 수 있는 날짜와 시간을 의도적으로 선택했습니다. 만일 그날이 노동절이었고 알카에다가 그 사실을 몰랐다면 공격 당시에 쌍둥이빌딩에는 사람이 거의 없었을 겁니다. 그랬다면 빈라덴은 땅을 치며 억울해했을 겁니다.

대프니 존스가 첫 팔리를 죽이지 않고 다섯 명을 구할 수 있었다면 그렇게 했을 거라 믿습니다. 따라서 존스에게 유죄 평결을 내려서는 안 됩니다. 고맙습니다.

스티브, 고마워요. 네, 테이블 맞은편에 계신 남자분 얘기를 들어보죠.

안녕하세요. 저는 대런이고 주립대학에서 철학을 가르칩니다. 직업적 공리주의자라고 말할 수 있죠. 저는 대프니 존스가 무죄라고 생각합니다. 당연합니다. 하지만 이게 다가 아닙니다. 육교 위에서 뚱보를 떠민 남자, 프랭크 트러메인도 무죄라는 게 제 생각입니다. 스티브는 프랭크 트러메인 사건을 대프니 존스 사건과 구별할 방법을 찾으려고 합니다. 트러메인을 유죄로 판단하고 존스를 무죄로 판단할 논리가 필요하다고 생각하죠. 하지만 실은 둘 다 최대 다수의 최대 행복을 가져다주는 길을 선택했습니다.

우리는 왜 트러메인의 행동에 몸서리치는 것일까요? 그것은 육교 위에서 누군가를 떠밀어 달려오는 전차 앞에 떨어뜨린다는—특히 그를 죽여 다섯 명을 구하기 위해서—생각을 우리의 이른바 직관이 견디지 못하기 때문입니다. 사실 저도 몸서리가 쳐집니다. 하지만 몸서리쳐지면서도 올바른 일은 얼마든지 있습니다. 이를테면 부대원을 구하기 위해 수류탄을 던진다고 생각해보세요. 물론 스스로에게 피해를 입히는 것보다 공공선을 위해 남에게 피해를 입히는 것이 더 꺼림칙한 사람도 있지만, 공공선은 정의상 최대의 선을 가져다주는 길입니다. 따라서 감정이 이성을 방해하도록 하면 안 됩니다. 소크라테스 이후 모든 철학자는 감정을 앞세우는 것이 지옥에 이르는 길이라고 경고했습니다.

스티브, 전쟁사를 보아도 고의로 민간인을 죽이는 것이 엄격한 공리주의적 근거에서 옳은 일로 간주된 경우가 있습니다. 저는 일본의 히로시마와 나가사키 시민들에게 핵폭탄을 떨어뜨린 행위가 정당했다고 주장할 것입니다. 그 덕에 전쟁이 끝났고 전 세계에 평화가 찾아왔기 때문입니다.

대런, 도발적인 문제 제기네요. 그게 당시의 공식 해명이었죠. 하지만 지금은 많은 사람들이 그런 해명을 불쾌하게 여길 거예요. 다행히도 여기는 그 문제를 논의하는 자리가 아니지만요. 자, 다른 분 계세요? 대런 옆에 앉아 계신 신사분.

예, 저는 시그프리드이고 정신과 의사입니다. 사람을 육교 위에서 떠미는 게 정당하다는 말씀은 망발입니다, 대런. 제가 한말씀드리죠.

프랭크 트러메인 재판이 끝난 뒤에 제 동료 두 명은 트러메인이 다섯 명을 구하려고 뚱보를 육교 위에서 떠미는 공리주의적 방법을 선택한 것이 옳은 행동이라고 생각하는 사람들을 연구했습니다. 두 사람의 가설은 트러메인이 옳은 일을 했다고 판단한 사람들이 일반적으로 더 사이코패스적이고, 더 마키아벨리적이며, 더 허무주의적이라는—삶이 무의미하다고 생각하는 경향이 크다는—것이었습니다.

둘은 여기에 속하는 사람들을 가려내는 검사법을 고안하여 트러메인이 유죄라고 생각하는 사람들과 무죄라고 생각하는 사람들을 동수로 선정하여 검사를 시행했습니다. 그랬더니 정말로 트러메인이 뚱보를 육교 위에서 떠민 행위에 찬성한 사람은 사이코패스적이고 마키아벨리적이며 허무주의적일 가능성이 매우 높았습니다. 무척 흥미롭지 않나요?

> 육교 위에서 뚱보를 떠민 행위에 찬성한 사람은 사이코패스적이고 마키아벨리적이며 허무주의적일 가능성이 높았습니다.

불가피할 때는 악인이 돼라!
니콜로 마키아벨리 Niccolò Machiavelli (1469~1527)

플라톤적, 소크라테스적과 마찬가지로 **마키아벨리적**이라는 단어는 철학

자의 이름이 보통명사가 된 사례다. 오늘날의 용어로 하자면 '밈meme'(문

화 유전자)이라고 할 수 있을 것이다.

마키아벨리는 이탈리아 르네상스의 절정기에 피렌체에서 태어났다. 당

시에는 중세의 신학적 가치가 새로운 인문주의적 사고방식에 의해 급속

히 밀려나고 있었으며, 교회와 오랜 동맹을 끊은 세속 국가가 번성하고

있었다. 마키아벨리는 피렌체 공화국 정부의 서기관으로 근무하면서 고

전적·중세적인 덕의 이상理想이 아니라 세속 권력을 쟁취하고 유지하는

현실적 측면을 정치적 조언의 바탕으로 삼았다. 마키아벨리가 당대의—

또한 현대의—정치인보다 더 냉혹했는지는 모르겠지만 더 솔직했던 것

은 분명하다. 이를테면 마키아벨리는 "불가피할 때는 악인이 돼라" 하고 군주를 설득했다.

정신과 의사 시그프리드가 언급하는 연구를 더 자세히 살펴보면, "사람들을 다루는 최선의 방법은 그들이 듣고 싶어하는 말을 해주는 것이다"라는 명제에 동의하는 사람에게 '마키아벨리적'이라는 이름표가 붙는다는 것을 알 수 있다. 그 기준에 비추어보면 마키아벨리는 마키아벨리적일 수도 있고 그렇지 않을 수도 있다. 그것은 마키아벨리가 이 방법이 군주의 권력을 굳건히 다져줄 거라 생각했을지, 또한 군주가 이 방법을 쓰고도 무사했으리라 생각했을지에 달렸다.

흠. 그래요, 시그프리드. 매우 흥미롭군요. 대프니 존스의 유무죄에 대해 어떤 결론이 도출되는지는 잘 모르겠지만요. 다른 분 계세요?

안녕하세요. 저는 릴런드입니다. 소설가죠. 우리가 전혀 모르는 사람을 놓고 그를 죽이는 것이 좋으냐 죽도록 내버려두는 것이 좋으냐 설왕설래하는 것이 재미있군요. 소설가가 하는 일은 이 상황에서 구체적인 사항을 상상해보는 것입니다. 어쩌면 저 다섯 명이 챗 팔리를 지선으로 꾀었을지도 모릅니다. 대프니 존스가 손잡이를 당겨 그를 죽이리라는 것을 알고서요. 완전범죄죠. 그래요, 도가 좀 지나쳤네요. 하지만 이것이 최대 다수의 최대 행복 문제라면 제대로 된 평가를 내리기 위해서는 정보가 훨씬 많이 필요합니다. 존스가 구한 다섯 명 중 한 명이 소아 성애자나 성범죄자로 판명될지도 모릅니다. 아니면 그중 한 명이 암 치료법을 발견할 수도 있죠. 이건 좋은 반전이네요. 하지만 호사다마라고, 그 덕에 완치된 여인이 아기를 낳았는데 그가 자라서 연쇄 살인범이 되지 말라는 법도 없죠.

예, 저도 알아요. 전부 싸구려 소설이죠. 하지만 제 말은

딱 떨어지는 윤리적 결정을 하기에는 우리가 아는 게 너무 적다는 겁니다. 결과를 토대로 판단한다고 말할 수도 있겠지만, 그 결과가 무엇인지 아는 사람이 어디 있을까요? 이것이야말로 우리가 신처럼 행동해서는 안 되는 가장 큰 이유인걸요! 또한 이 사건을 결코 수학 문제처럼 취급해서는 안 되는 가장 큰 이유이기도 하고요. '5는 1보다 크다'라는 식으로는 문제를 해결할 수 없습니다. 이번 사건에서는 1(팔리)이 5보다 클 수도 있습니다. 대프니 존스는 신처럼 행동하는 죄를 저질렀습니다. 아무것도 하지 말고 운명에 맡겼어야 합니다.

그런데 릴런드, 당신 논리에 따르면 의사는 환자가 연쇄살인범이 될지도 모르니까 목숨을 구해주면 안 되겠네요?

예, 그럴지도요. 좀 다른 관점에서 살펴보죠. 저는 우리가 어떤 논리를 내세우든 대다수는 감정이 시키는 대로 판단할 것이라 생각합니다. 그리고 감정적 반응은 이 사건에 대해 우리가 스스로에게 어떤 이야기를 들려주느냐에 좌우될 것입니다. 이를테면 쳇 팔리를 아버지와 동일시한다면 어떨까요? 그러면 그에게 긍정적인 선입견을 가져 그의 억울한 죽음에 분노하지 않을까요? 반대로 우리 아버지가 개자식이었다면 부정적인 선입견 때문에 그가 선로에서 무슨 짓을 하고 있었는지 의심하지 않겠습니까? 이런 반응을 죄다 머릿속에서 몰아내려고 애쓸 수는 있지만, '과연 나라면 손잡이를 당겼을까?'라는 물음이 대프니 존스에 대한 판단을 좌우한다는 사실은 변하지 않습니다. 정직한 사람이라면, 우리가 손잡이를 당겼을지 여부가 지선에 있던 사람이 누구인가에 달렸다는 사실을 인정해야 합니다. 우리가 신뢰할 수 있는 유일한 규칙은 '신처럼 행동하지 말라'뿐입니다.

대프니 존스가 유죄라고 생각하는 분 또 계신가요?

예, 저요. 안녕하세요. 저는 마거리트예요. 변호사고, 인권단체 휴먼 라이츠 워치Human Rights Watch에서 일하고 있어요. 스티브, 당신은 '부수적 피해'(이를테면 쳇 팔리 같은 경우겠죠)와 무고한 사람의 고의적 살해(육교 위의 남자처럼요) 사이에 큰 차이가 있다고 말하는 것 같아요. 대런은 손잡이를 당기는 것과 똥보를 떠미는 것이 그다지 다르지 않으며, 따라서 대프니 존스와 프랭크 트러메인이 둘 다 무죄라고 주장해요.

저는 차이가 크지 않다는 점에서는 대런에게 동의하지만, 결론은 정반대예요. 대프니 존스와 프랭크 트러메인은 둘 다 유죄예요. 둘 다 자신이 죽인—"죽도록 한"이라고 표현할 수도 있겠죠—사람의 권리를 침해했어요. 우리는, 아무리 결과가 좋더라도 누군가를 전차 앞으로 떠밀거나 장기를 적출하지 말아야 할 의무가 있어요. 무슨 이유로도 결코 사람을 고문해서는 안 된다는 휴먼 라이츠 워치의 신념과도 일맥상통하죠.

이와 마찬가지로 우리에게는 결과가 아무리 좋더라도 전차가 사람을 치도록 방향을 바꾸지 말아야 할 의무가 있어요. 쳇 팔리의 가족에게는, 가해자가 고의로 그를 죽였는지 그가 죽도록 전차 방향을 바꿨을 뿐인지는 중요하지 않아요. 두 경우를 구별하는 것은 이렇게 말하는 것과 같아요. "우리는 고문하지 않는다. 수감자를 다른 나라에 보내 고문을 받도록 할 뿐이다." 그래요, 한때 미국 정부가 바로 이런 입장이었죠. 하지만 그것은 미국 정부가 비도덕적으로 행동했다는 증거일 뿐이에요.

마거리트. 고마워요. 예쁜 파란색 스카프 두르신 여자
분?

안녕하세요. 저는 낸시예요. 예술가고요. 화가죠. 저는 한
분 한분 말씀을 들을 때마다 고개가 끄덕여졌어요. 다들 어
찌나 설득력이 있는지 이 말을 들으면 이 말이 맞는 것 같고
저 말을 들으면 저 말이 맞는 것 같아요. 하지만 최종 결론
은 대프니 존스는 무죄이고 프랭크 트러메인은 유죄라는 거
예요. 딱 잘라서 이유를 말할 수는 없지만요. 그냥 느낌이
그래요. 이런 걸 '직관'이라고 하나봐요. 프랭크 트러메인이
육교 위에서 풍보를 떠민 것은 잘못이라는 걸, 그냥 분명히
잘못이라는 걸 알아요. 그런데 대프니 존스가 한 일은 전혀
똑같이 느껴지지 않아요. 이 경우는 릴런드가 말한, 사람들
과의 정서적 관계 때문은 아닌 것 같아요. 제 결정은 감정이
아니라 직관에 좌우되는 듯해요. 이렇게밖에 말씀드릴 수
없네요. 설득력이 없다면 죄송해요. 하지만 제가 할 수 있는
건 여기까지뿐인걸요. 그냥 다르게 느껴져요. 왜 그런지는
전혀 모르겠지만요. 그냥 그렇게 느껴지는 걸 어떡해요!

고마워요. 다른 분 계세요? 안 계세요? 그러면 투표 시작할까요? 좋습니다. 대프니 존스가 2급 살인 혐의에 대해 유죄라고 생각하는 분? 됐어요. 대프니 존스가 2급 살인 혐의에 대해 무죄라고 생각하는 분? 예, 됐습니다. 평결이 확정되었습니다.

[평결은 다음 페이지에.]

설마 정말로 답이 쓰여 있을 거라 생각한 건 아니겠지?

후기

———

우리는 어디에 내린 걸까?

전차학은 신나는 주제지만, 종착역은 과연 어디일까? 가련한 대프니 존스의 우여곡절 재판을 끝까지 지켜본 지금, 우리는 처음보다 똑똑해졌을까?

배심원 낸시처럼 어떤 사람들은 우리 모두가 결국은 느낌에 따라 도덕적 결정을 내리며, 그 모든 분석은 자신의 도덕적 직관을 합리화하려는 시도에 불과하다고 생각한다. 이런 관점에서는 손잡이를 당기는 것과 사람을 떠미는 것의 차이 같은 도덕적 구분의 근거에 대해 고민할 이유가 없어 보인다(재미로 할 수는 있겠지만). 우리는 어떤 행동이 허용되고 어떤 행동이 허용되지 않는지 느낌으로 '안다'고 주장할 수 있으며, 따라서 모든 숙고와 논의는 합리화에 지나지 않는다고 생각할 수 있다. 실제로도 철학 문헌에 등장하는 전차학은 대부분 이런 패턴을 따른다. 피터 싱어는 이를 일컬어 "최초의 직관적 반응을 정당화하는 논증들 간의 차이를 찾는 것"이라고 표현했다. 도덕적 추론이 합리화로 전락한다면, 혹자는 "뭐하러 고민해?" 하고 물을지도 모른다. 성찰하지 않는 삶은 영위할 가치가 없다고 말한 소크라테스가 잘못 생각했는지도 모른다.

최근에 노트르담 대학의 사회학자 크리스천 스미스는 '신흥 성인emerging adult'(18~23세)이 도덕성에 대해 어떻게 생각하는지—만일 도덕성에 대해 생각하기는 한다면—연구한 결과를 발표하여 파란을 일으켰다. 스미스는 자신이 면담한 젊은 성인의 상당수가 도덕적 사안에 대해 엄밀하거나 일관성 있게 생각하지 않는다는 것에 우려를 표한다. 많은 피험자(30퍼센트)가 (이를테면) 자신은 훔치거나 속이지 않겠지만 그런 일을 한 친구를 비난하지는 않겠다며 도덕적 상대주의에 치우친 모습을 보였다. "각자가 어떻게 생각하느냐에 달렸죠"라고 말하는 사람이 꽤 많았다. 스미스가 말하려는 것은 그런 태도가 잘못되었다는 것이 아니라(스미스가 그렇게 생각한다고 추측할 수도 있겠지만) 그런 태도를 가진 사람들이 도덕적 사안에 대해 일관성 있게 생각하지 못한다는 것이다. 이를테면 노예제도가 폐지 이전에 도덕적으로 옳았느냐고 물었더니 어떤 사람들은 다른 시대 사람들의 생각이나 행동을 판단할 수 없다고 답했다. 스미스는 이것이 사려 깊은 태도도, 논리적으로 일관된 태도도 아니라고 생각한다.

스미스는 도덕적 견해를 뚜렷하게 드러내지 못하는 것이 공교육의 (다른 측면에서는 바람직한) 어떤 경향에서 생기는 단점이라고 생각한다. 타인의 관점에 관용을 베풀고 다른 문화와 집단을 이해하는 것에 긍정적 가치를 부여하는 경향 말이다. 스미스는 관용이 확대되다못해 나머지 모든 가치를 상대화하기에 이르면 엄밀한 도덕적 추론이 실종된다고 생각한다. 스미스에 따르면 이런 천박한 사고는 "좋은 도덕적 의사결정과 도덕적으로 일관된 삶을 낳지 못한다. 이것은 도덕적 빈곤이다".

하지만 스미스와 동료들은 오늘날 젊은이들의 실제 행동이 도덕적으로 명료한 전 세대보다 더 개탄스러운지에 대해서는 말하지 않는다. 어쨌거나 대부분의 노예주는 노예제도를 정당화하는 '원칙에 입각한' 견해를 가지고 있었을 것이다. 우리는 그중 일부가 (이를테면) 성경을 내세웠음을 알고 있다. 그리하여 우리는 '도덕철학이 왜 중요한가?'라는 물음으로 돌아온다. 도덕적 추론은 어떤 변화를 만들어낼까?

첫째, 엉켜 있는 사안을 하나 정리해두자. 어떤 철학자는 전차 문제가 평범한 인간의 경험이나 진정한 윤리적 딜레마와 동떨어진 하찮은 두뇌 게임에 불과하다고 생각한다. 어떤 철학자는 영국 기자가 전차 문제에 대해 묻자 "죄송합니다만, 저는 전차 안 탑니다"라고 대답했다. 그런 점에서 전차 문제는 테러리스트로 확인되었거나 의심되는 사람을 고문하는 것이 정당한지 논의할 때 쓰는 시나리오와 비슷하다. 이른바 째깍거리는 시한폭탄 시나리오다.

9·11사건이 일어난 뒤에 많은 정치인은 구금자에 대한 고문을 정당화하기 위해 '많은 사람의 목숨이 위태로운 상황에서 이들을 구할 수 있는 핵심 정보를 테러리스트가 털어놓지 않는다'는 시나리오를 만들었다. 공교롭게도 이 시나리오는 실제 심문의 99퍼센트에서 문제가 되는 상황과 전혀 닮은 점이 없다. 그런데도 고문에 대해 토론할 때마다 등장하는 대표적 사례가 되었다. 따라서 이로부터 도출되는 한 가지 결론은, 폭주 전차나 째깍거리는 시한폭탄 같은 극단

적 시나리오는 윤리적 결정을 명료하게 밝히는 데 전혀 쓸모가 없다는 것이다.

하지만 또다른 결론도 가능하다. 모든 사람이 테러와 째깍거리는 시한폭탄 문제에 대해 직관에만 의존하면 고문의 실제 사례를 분석하여 째깍거리는 시한폭탄 시나리오와 실제 사례를 신중하게 구분했을 때와 사뭇 다른 도덕적 판단에 이르리라는 것이다.

그렇다면 전차 문제와 현실에서의 구체적 결정에 대해 도덕적 추론을 적용하는 것도 도움이 될지 모른다. 게다가 전차 문제가 현실에서 맞닥뜨리는 윤리적 결정을 대표한다고 말하기는 힘들더라도, 개인의 권리와 최대 다수의 최대 행복을 구분하는 법을 배우는 것이 실제 윤리적 결정에도 영향을 미칠 수 있다. 미국 헌법을 정초한 사람들에게는 분명 영향을 미쳤다. 또한 최근에 우리는 대통령 선거와 국회의원 선거의 투표자로서 의료보험 가입을 선택하지 않는 사람들의 재산권과, 보험료를 강제 징수하여 기존 환자의 의료보험 급여에 충당하는 효용 중에 하나를 선택해야 했다.

우리가 이따금 직관을 합리화하기 위해 도덕적 추론을 이용하느냐고? 물론이다. 하지만 이따금 엄밀한 도덕적 추론이 행위의 옳고 그름에 대한 직관을 바꾸지 않느냐고? 그것도 맞는 말이다. 노예제도가 폐지된 한 가지 이유는 어떤 직관을 가진 사람들이 다른 직관을 가진 사람들보다 논리적으로 뛰어났기 때문이다. 의회에서, 법정에서, 저녁 밥상에서 평등과 공정에 토대한 도덕 논증이 펼쳐짐에 따라 결혼에 대한 직관의 변화가 우리 눈앞에서 일어나고 있다.

지금까지의 이야기를 한마디로 요약하자면, (요기 베라에게는 죄송하지만) 여러분이 탄 전차가 갈림길에 서면 '주저하지 말고 선택하라'(미국의 유명 야구선수였던 요기 베라의 명언 "갈림길에 서면 주저하지 말고 선택하라"를 패러디한 것—옮긴이).

아울러 왜 그 길을 선택했는지 말할 수 있길.

감사의 글

똑똑하고 너그러운 많은 이들이 이 책의 초고를 읽고 참신한 조언을 해주었다. 전차 문제를 꼼꼼히 분석하고 실제 사례를 예로 들어준 친구 피터 킹 박사에게 감사한다. 밥상 토론에 함께한 킹네 식구에게도 감사한다.

오랜 벗 대니 클라인은 격려와 조언을 아끼지 않았다. 더 명확하게 쓰라고, 마음을 가라앉히라고, 한발 더 나아가라고 말하는 그의 목소리가 늘 머릿속에서 맴돌았다. 우리는 여러 책을 함께 썼는데, 대니는 말 그대로 책 쓰는 법을 가르쳐주었다. 대니, 고마우이.

살아가면서 남달리 강인한 두 여인을 만난 것은 대단한

행운이다. 뛰어난 저술가이자 편집자인 아내 엘로이즈는 내가 책을 쓸 때마다 초고를 읽고 많은 부분을 고쳐주었다. 그녀의 지치지 않는 격려와 지지, 사랑은 내게 점점 더 큰 힘이 되고 있다. 여보, 고마워.

우리 딸 에스터는 사람과 개에게 두루 사랑받는다. 쾌활하고 다정한 에스터가 내 곁에 있어서 정말 다행이다.

워크맨 출판사의 담당 편집자 마고 에레라는 나의 저항을 가볍게 진압하고, 원고를 더 다듬으라며 등을 떠밀었다. 마고, 고마워요. 당신의 조언은 정말 훌륭했어요.

저작권 담당자 줄리아 로드에게 크나큰 감사를 보낸다. 그녀는 신과 같은 존재다. 그녀가 없었다면 아무것도 이루어지지 않았을 테니까.

참고 자료

머리말: 문제의 전차

필리파 풋의 전차 문제 원본은 영국의 학술지 『옥스퍼드 리뷰Oxford Review』 5호(1967)에 「낙태 문제와 이중 결과의 원리The Problem of Abortion and the Doctrine of the Double Effect」라는 제목으로 실렸다.

행인과 손잡이를 추가한 주디스 자비스 톰슨의 버전은 『예일 법률 저널Yale Law Journal』(1985)에 「전차 문제The Trolley Problem」라는 제목으로 실렸다(육교 위 뚱보 버전도 실려 있다).

콰메 애피아가 전차 문제를 『탈무드』 주석에 비유한 글은 『윤리학의 배신』에 실렸다.

하버드 대학 심리학자들이 2003년에 개발한 도덕심 검사는 moral. wjh.harvard.edu에 올라와 있다.

마이클 샌델이 하버드 대학에서 정의를 주제로 강연한 내용을 촬영

한 PBS 동영상은 justiceharvard.org에서 볼 수 있다. 전차 문제는 첫번째 동영상에서 언급한다.

검찰의 공격

제러미 벤담의 공리주의 철학은 『도덕과 입법의 원칙에 대한 서론』에 요약되어 있다.

외과의사 시나리오는 주디스 자비스 톰슨의 『예일 법률 저널』(1985) 논문에 실렸다. 필리파 풋의 『옥스퍼드 리뷰』(1967) 논문에도 이와 관련된 시나리오들이 소개되었다.

권리에 대한 칸트의 입장을 더 또는 덜 쉽게―'더'보다는 '덜'일 가능성이 크겠지만―설명한 글은 『도덕 형이상학을 위한 기초 놓기』에서 찾을 수 있다.

변호인의 방어

도덕심 검사에 온라인으로 참여한 피험자들의 의견은 『마음과 언어Mind and Language』 22호 1권(2007년 2월)에 실린 마크 하우저 등의 긴 논문 「도덕적 판단과 정당화의 분리A Dissociation Between Moral Judgments and Justifications」에서 논의하고 있다.

교수의 분석

데이비드 흄의 『자연종교에 관한 대화』는 2008년에 번역 출간되었다.

심리학자의 견해

도덕적 의사결정을 fMRI로 연구한 결과는 조슈아 그린의 미발표 박사 논문 「도덕성에 대한 끔찍하고 지독하고 좋지 않고 매우 나쁜 진실과 우리가 할 일The Terrible, Horrible, No Good, Very Bad Truth About Morality, and What to Do About It」(Princeton University, 2002)에 실려 있다. 그린은 심리학자이자 신경과학자이자 철학자다.

살인에 대한 거부감과 먼 조상의 경험이 어떻게 연관되었는지 뛰어나게 논의한 글로는 『윤리학 저널Journal of Ethics』 9호(2005)에 실린 피터 싱어의 논문 「윤리와 직관Ethics and Intuitions」이 있다.

G. E. 무어는 『프린키피아 에티카Principia Ethica』(Cambridge University Press, 1903)에서 자연주의의 오류를 설명한다.

주교의 의견서

토마스 성인의 이중 결과의 원리 설명은 카이오티 캐니언 출판사에서 2010년에 영어로 출간한 『신학대전Summa Theologiae』 IIa-IIae 64번 문제 7항에 나온다.

가톨릭 교회의 현대판 이중 결과의 원리는 『새 가톨릭 백과사전The New Catholic Encyclopedia』(Gale, 2002)에 나온다.

자궁암에 걸린 여성에게 이중 결과의 원리를 적용하는 것에 대한 교회의 입장은 필리파 풋의 논문 「낙태 문제와 이중 결과의 원리」에 대한 안 햄럼의 편집자 서문에 나온다. 온라인 버전은 www2. econ.iastate.edu/classes/econ362/hallam/readings/footdoubleeffect. pdf에 있다.

이중 결과의 원리를 모르핀 처방에 적용하는 경우는 리처드 M. 도어플링어와 카를로스 F. 고메즈의 온라인 논문 「환자 말고 통증을 죽이다: 완화치료 대 조력자살Killing the Pain, Not the Patient: Palliative Care vs. Assisted Suicide」에 나온다. 미국 가톨릭 주교 회의에서 온라인으로 발표했으며 인터넷 주소는 usccb.org/issues-and-action/human-life-and-dignity/assisted-suicide/killing-the-pain.cfm이다.

이타주의자의 딜레마

결정을 내리는 사람이 선로에 묶인 시나리오는 크리스 베이트먼의 2007년 '온리 어 게임Only a Game' 블로그(onlyagame.typepad.com/only-a-game/2007/06/the-trolley-pro.html)에 달린 'Duoae'의 댓글에서 원용했다.

피터 싱어의 시나리오는 뉴욕 타임스 기사 「당신이 구할 수 있는 목숨The Life You Can Save」(2009년 3월 10일)과 「전 세계 빈곤에 대한 싱어 해법The Singer Solution to World Poverty」(1999년 9월 5일)에 나온다. 1999년 기사는 피터 싱어가 자선사업에 기부하는 액수를 왜 소득의 20퍼센트로 정했는지도 언급한다.

니체의 『선악의 저편』은 2002년에 번역 출간되었다.

다섯 명을 위해 자신을 희생하지 않으려 하는 사람이 다섯 명을 위해 남을 희생시킬 자격이 있는가의 문제는 『필로소피 앤드 퍼블릭 어페어스Philosophy and Public Affairs』 36호 4권(2008)에 실린 주디스 자비스 톰슨의 논문 「전차를 돌리다Turning the Trolley」에서 원용했다. 『예일 법률 저널』(1985)에 실린 논문 「전차 문제」에서 톰슨은 허용되는 행위와 의무적인 행위를 효과적으로 구분한다.

도덕적 딜레마에 대한 남성과 여성의 접근법이 어떻게 다른가에 대한 논의는 캐럴 길리건의 기념비적 저서 『다른 목소리로』를 나 나름대로 해석한 것이다.

교수들의 토론

영국 공습에서 나치를 기만한 이야기의 실화는 벤 매킨타이어의 『지그재그 요원: 나치의 첩보 활동, 사랑, 배신의 진짜 이야기』Agent Zigzag: A True Story of Nazi Espionage, Love, and Betrayal』(Crown, 2007)에 나온다.

굽은 선로 시나리오는 주디스 자비스 톰슨이 고안한 것으로, 『예일 법률 저널』(1985)에 실린 「전차 문제」에서 설명하고 있다.

피험자에게 트랩도어 시나리오를 들려주는 실험에 대해서는 조슈아 그린이 설명한다. edge.org/conversation/a-new-science-of-morality-part-2.

'규칙 공리주의'에 대한 논의는 R. B. 브랜트의 『윤리학Ethical Theory』(Prentice Hall, 1959)을 보라.

러트렐 페이턴과 채닝 엘스워스 3세 시나리오는 학술지 『판단과 의사결정Judgment and Decision Making』 2009년 10월호에 실린 에릭 루이스 울만, 데이비드 A. 피자로, 데이비드 타넨바움, 피터 H. 디토의 실험을 개작한 것이다. 실제 실험에서는 육교 위 뚱보 시나리오를 썼다. 흥미롭게도 보수파는 겉보기에 편견을 가지지 않은 반면에 진보파는 전형적 흑인보다 전형적 귀족 가문을 희생시키려는 경향이 컸다.

미국 웨스트포인트 사관학교에서 이중 결과의 원리를 어떻게 가르치는지에 대해서는 영국의 잡지 『프로스펙트 매거진Prospect Magazine』 2010년 10월 7일 자에 데이비드 에드먼즈가 전차 문제를 주제로 쓴 흥미로운 논문에 나온다. 이 논문은 온라인에 올라와 있다. prospectmagazine.co.uk/magazine/ethics-trolley-problem/.

에드먼즈의 논문에는 희소한 자원의 배분에 대한 흥미로운 논의도 실려 있으며, 나는 배심원의 보건 정책 분석에서 이를 원용했다.

부정적 성격 특질과 육교 위에서 뚱보를 떠밀 의향의 상관관계에 대한 정신과 의사의 결론은 학술지 『인지Cognition』(2011)에 실린 대니얼 바텔스와 데이비드 피자로의 연구에 바탕을 두고 있다. 논문 제목은 「도덕에 대한 잘못된 평가: 반反사회적 성격 특질로 도덕적 딜레마에 대한 공리주의적 반응을 예측하다The Mismeasure of Morals: Antisocial Personality Traits Predict Utilitarian Responses to Moral Dilemmas」이며 columbia.edu/~dmb2199/papers/Bartels-Pizarro-2011-Cognition.pdf에서 온라인으로 읽을 수 있다.

소설가의 완전범죄 상상은 주디스 자비스 톰슨의 『예일 법률 저널』 (1985) 논문의 비슷한 시나리오를 원용했다.

소설가가 제시한 더 다채로운 시나리오 중 일부는 전차 문헌에 대한 마이클 F. 패턴 2세의 온라인 패러디(1988)에서 영감을 얻었다. www.mindspring.com/~mfpatton/Tissues.htm에서 「수의사의 뇌: 나쁜 사람이 좋은 뇌가 나쁜 일을 하게 할 수 있을까?Tissues in the Profession: Can Bad Men Make Good Brains Do Bad Things?」를 보라.

후기: 우리는 어디에 내린 걸까?

젊은 성인의 도덕적 추론에 대한 크리스천 스미스의 연구는 『이행에 서의 실종: 신흥 성인기의 어두운 면Lost in Transition: The Dark Side of Emerging Adulthood』(Oxford University Press, 2011)이라는 제목으로 발표되었다.

옮긴이 **노승영**

서울대학교 영어영문학과를 졸업하고 서울대학교 대학원 인지과학 협동과정을 수료했다. 컴퓨터 회사에서 번역프로그램을 만들었으며 환경 단체에서 일했다. 번역서로는 『일』『이단의 경제학』『촘스키, 희망을 묻다 전망에 답하다』『통증 연대기』『제로 성장 시대가 온다』『이렇게 살아가도 괜찮은가』등이 있다.

누구를 구할 것인가?

1판 1쇄 2014년 11월 20일
1판 11쇄 2024년 6월 17일

지은이 토머스 캐스카트 | 옮긴이 노승영
기획 박혜연 | 책임편집 형소진 | 편집 유은하 오경철 | 독자모니터링 박하연
디자인 김선미 이주영 | 본문 일러스트 최광렬
저작권 박지영 형소진 최은진 서연주 오서영
마케팅 정민호 서지화 한민아 이민경 안남영 왕지경 정경주 김수인 김혜원 김하연 김예진
브랜딩 함유지 함근아 고보미 박민재 김희숙 박다솔 조다현 정승민 배진성
제작 강신은 김동욱 이순호 | 제작처 더블비(인쇄) 경일제책(제본)

펴낸곳 (주)문학동네 | 펴낸이 김소영
출판등록 1993년 10월 22일 제2003-000045호
주소 10881 경기도 파주시 회동길 210
전자우편 editor@munhak.com | 대표전화 031)955-8888 | 팩스 031)955-8855
문의전화 031)955-3576(마케팅), 031)955-3572(편집)
문학동네카페 http://cafe.naver.com/mhdn
인스타그램 @munhakdongne | 트위터 @munhakdongne
북클럽문학동네 http://bookclubmunhak.com

ISBN 978-89-546-2639-2 03100

www.munhak.com